同济大学本科教材出版基金资助

高尔夫教程

主　编　马　克　叶　宇
编　者　高文倩　秦黎黎　邹凝祥
　　　　殷琴芬　孙亦峰　王培善

同济大学出版社
TONGJI UNIVERSITY PRESS

内容提要

本书由从事高尔夫一线教学的教师编撰而成，内容包括高尔夫基本知识和技能训练方法。全书共十七课，图文并茂，便于教和学。本书还结合高尔夫教学实际需要，独创性地提供了课后练习方案、实战下场练习、高尔夫嘉年华活动等，以便于学习者课后学习训练。

本书的章节编撰依据中国高等院校的普通体育课程为单位，适合作为全国普通高等院校高尔夫体育课程教材，同时也适合各类普及型高尔夫教学使用。

图书在版编目(CIP)数据

高尔夫教程 / 马克，叶宇主编. --上海：同济大学出版社，2017.8

ISBN 978-7-5608-7257-5

Ⅰ.①高… Ⅱ.①马… ②叶… Ⅲ.①高尔夫球运动—教材 Ⅳ.①G849.3

中国版本图书馆 CIP 数据核字(2017)第 188180 号

高尔夫教程

主　　编 马　克　叶　宇

责任编辑 张智中　　**责任校对** 徐逢乔　　**封面设计** 陈益平

出版发行　同济大学出版社　　www.tongjipress.com.cn
(上海市四平路 1239 号　邮编：200092　电话：021-65985622)

经　　销　全国各地新华书店

印　　刷　浙江广育爱多印务有限公司

开　　本　787 mm×1 092 mm　1/16

印　　张　11.75

字　　数　293 000

版　　次　2017 年 8 月第 1 版　　2017 年 8 月第 1 次印刷

书　　号　ISBN 978-7-5608-7257-5

定　　价　49.00 元

序

高尔夫运动起源于15世纪的苏格兰，具有悠久的历史和丰富的文化内涵。参与高尔夫运动可以使练习者具有强健的体魄、优雅稳重的举止和气质、独立判断的思考能力，并具备良好的心理素质、自觉自律的精神和高尚的情操。

2014年，同济大学体育教学部顺应国家体育的大政方针，主动发掘自身不足，结合个性化发展，将内部架构由原来的按年级分组，改为运动休闲、乒羽网、足球等八个团队，运动休闲团队在吸收原有多年高尔夫教学的经验上去其糟粕，取其精华，经过近2年的时间，编纂出本书。本书完全由同济大学从事一线高尔夫教学的体育教师从高尔夫课程的实际教学中将经验提炼总结，具有很高的实际应用价值；本书还具有广泛的适用性，各章节依据我国高等院校的普通体育课程，适合作为普通高等院校高尔夫体育课程或者普及型高尔夫教学的教材；本书又具有一定的针对性，结合同济大学高尔夫教学的独特情况，独创性地提出课程之外的课后练习方案、实战考试、高尔夫嘉年华等活动，在教学之余还能寓教于乐。最后，本书也具有特定的功能性，除了对高尔夫挥杆击打等技术动作进行教学之外，还附带简介高尔夫礼仪、规则并加入身体素质训练计划，让使用者不但能学好高尔夫技术，还能引申至其他社会技能。

江　波

2017年5月

目录 Contents

第 1 课

高尔夫的基本知识与文化

教学任务

一、课程教学要求(20 分钟)

二、课程教学安排(20 分钟)

三、讲解高尔夫的基本知识与文化(40 分钟)

四、课后任务(10 分钟)

一、课程教学要求

1. 高尔夫课程

高尔夫课程是以促进身心和谐发展，提升个人修养与体育技能为目的，教育与身体活动有机结合的教育过程；是实施素质教育和培养全面发展人才的重要途径。

2. 高尔夫课程目标

运动参与目标：积极参与并基本形成自觉锻炼的习惯，基本形成终身体育的意识，能够编制可行的个人锻炼计划，具有一定的体育文化欣赏能力。

运动技能目标：熟练掌握高尔夫运动的基本方法和技能；能科学地进行体育锻炼，提高自己的运动能力；掌握常见运动创伤的处置方法。

身体健康目标：能测试和评价体质健康状况，掌握有效提高身体素质的方法，全面发展人的灵活性、协调性和判断能力，提高力量、耐力，改善身体机能，增强体质。

心理健康目标：根据自己的能力设置学习目标；通过高尔夫运动改善心理状态、克服心理障碍，养成积极乐观的生活态度；在运动中体验乐趣和成功的感觉。

社会适应目标：懂得社交礼仪，遵从比赛规则，进而提高自身的品德修养，增强人际交往能力;正确处理竞争与合作的关系。

3. 高尔夫基本教学内容

共分三个部分,即全挥杆、短打和模拟下场。

第一部分:全挥杆技术。

重点学习 7 号铁杆技术并介绍 1 号木杆、5 号木杆。

第二部分:短打技术。

主要学习 S, P 杆技术和推杆。从原理入手,再进行实践练习,了解处理果岭周围和果岭上的球,包括切球、沙坑球和推杆。

第三部分:模拟下场(球场实战)。

通过模拟下场和高尔夫嘉年华活动,进一步学习高尔夫文化和比赛规则。

二、课程教学安排

1. 考试内容

(1) 身体素质 50 分(50 米、立定跳远各 10 分,男子 1 000 米或女子 800 米为 30 分)。

(2) 高尔夫专项技能 30 分(7 号铁技术、推杆技术、模拟下场)。

(3) 学习态度 10 分。

(4) 课外锻炼 10 分。

2. 注意事项

(1) 时时铭记"安全",上课听从教师的统一安排;进入打位打球时,须直线进入打位;在确定打不到人时才能挥杆击球。

(2) 遵守课堂纪律,一切服从教师指挥。

(3) 规范课堂请假制度,有事(病)应事先请假,杜绝迟到、早退、缺席、旷课等违反课堂纪律现象。

(4) 上课需着运动服和运动鞋。

(5) 爱护教学器材和公共财物,如发生损害或遗失等现象,需按价赔偿。

(6) 尊敬老师、团结同学,共同维护课堂教学秩序。

(7) 雨天课程安排(室内场地推杆练习等)。

3. 体能训练

(1) 耐力:变速跑(男生 1 200 米,女生 800 米)。

(2) 柔韧:瑜伽普拉提。

(3) 力量:静力性俯卧撑(男),对墙曲臂支撑(女)。

(4) 协调:快速跳绳(时间 1 分 30 秒,男生 3 组,女生 2 组)。

(5) 速度:原地、行进间高抬腿跑 15 米×3;冲刺跑 30 米×5。

(6) 灵敏:瑜伽普拉提、游戏。

三、高尔夫基本知识与文化

1. 含义

高尔夫(GOLF, G 表示绿色、O 表示氧气、L 表示阳光、F 表示友谊)是一项古老的贵族运动,还是一项别具风味的社交活动,具有广泛的文化传播性和很强的经济包容性,备受人们的喜爱和向往。它让人们在优雅自然的绿色环境中锻炼身体,陶冶情操并在着装、交流和运动中规范行为,体现了高尔夫运动所倡导的礼仪、谦恭、自律等浓郁的"绅士"文化特征。从现代社会文化的发展来讲,高尔夫运动把经济、文化、科学技术以及人们对现代文明、高雅、健康生活方式的心理发展需求等融为一体,体现了现代经济文化一体化社会发展趋势的基本特征。因此,高尔夫文化是指以高尔夫运动为核心,反映高尔夫行为特征、基本方法、经济活动和相关社会实践活动的综合。有利于塑造良好社会风气的文化,它具有以竞技比赛为目的和以休闲娱乐为目的的双重性特征,是一种生活文化、绅士文化、社交文化、休闲文化。

2. 服装

学生上身要穿有领有袖的 T 恤衫,下身要穿正规的休闲裤和运动鞋。球场上一般不允许穿圆领衫、吊带背心、牛仔系列服装、超短裙、超短裤等过于休闲的服装,更不允许穿高跟鞋和硬底皮鞋。另外还要佩戴高尔夫手套。

3. 球具

(1) 球包:是球杆袋、球具袋的俗称,主要包括球杆、球、球托、手套、毛巾、雨具、个人卫生用品、饮料小食。

(2) 球杆:高尔夫最主要的装备。由杆头、杆身和握把(杆颈)组成。

(3) 分类:全套共 14 支球杆。即 3 支木杆(1 号木杆即开球杆、3 号和 5 号木杆)、8 支铁杆(2～9 号铁杆)、2 支契形杆[1 支劈起杆(简称 P 杆)和 1 支沙坑杆(简称 S 杆)]、1 支推杆。

(4) 用途:每个人可根据球杆击出的距离选择球杆。号数越小,长度越长,则球打的更高、更远。

(5) 木杆:开球杆 200～400 码;3 号杆 190～220 码;5 号杆 170～190 码。

(6) 长铁杆:2号杆200码;3号杆190码;4号杆180码。

(7) 中铁杆:5号杆170码;6号杆160码;7号杆150码。

(8) 短铁杆:8号杆140码;9号杆130码。

(9) 契形杆:劈(挖)起杆110码;沙坑杆80码。

(10) 推杆:果岭附近。

(11) 下场打球用品:球坑修理叉、球标、球座、球标笔、手套、防晒霜、毛巾、伞等。

4. 礼仪规范

(1) 诚信:"诚"(诚实、诚恳、诚意)"信"(信任、信誉)。

(2) 自律:就是尊重规则,保证在任何情况,任何条件下对规则的遵守,自律保证高尔夫球比赛的公正。

(3) 为他人着想(球场规则)。

① 得体着装:穿有领有袖的上衣,穿正式的裤子。女性不要穿膝盖以上4英寸的短裙。穿专业高尔夫球鞋。

② 注重安全:打球者在击球和练习挥杆时,应确认周围安全无误。在前组球员还没有走出球的射程范围之前,任何球员不得打球。

③ 谦和礼让:上发球台相互礼让,第一发球台水平低的球员先开球,在此后的发球台上成绩好的球员先开球。在球道上让落后球员先打。在果岭上让离洞较远的人先推。打得慢的一组让打得快的一组超越先打。

④ 尊重他人,为他人着想:尊重球场上的其他选手,就像你希望被别人尊重一样。在其他球员击球时不要走动、讲话或制造不必要的噪声。确保自己带到球场的电子物品不会对其他球员造成影响。果岭上不能踩踏同组伙伴的推杆路线。留心身体在阳光下可能产生的阴影,因为阴影可能妨碍其他选手比赛。同组伙伴想要推杆时,不要与他们距离太近。

⑤ 爱惜场地,保护环境:避免损害果岭和球洞,主动修复果岭上的球痕。练习挥杆时,避免削起草皮。击球后,马上拾回打起的草皮断片。并将其踏入原位,修理钉鞋等造成的任何破损、球痕等。沙坑比赛之后,保证用耙子将沙坑恢复到良好状态。不要在开球区、果岭上推童车或手推车。

⑥ 视球童如朋友:球童是球手的伙伴。一定程度上球童是球手的参谋和老师。球手与球童默契配合,能使人心情舒畅。不要因自己的失误而对球童发脾气或呵斥。

⑦ 珍惜时间,加强时间观念:准备及时到达预定的开球区。始终准备打球,避免耽误比赛。使你的步行速度与小组伙伴的步行速度一致。

⑧ 实事求是,讲求诚信:自己记录成绩,自觉接受罚杆。自始至终不能擅自移

动球。

5. 比赛形式

(1) 球洞数比赛:是高尔夫球运动一种古老的比赛方式,比洞赛是在一轮比赛结束后,以所胜洞数的多少来决定胜负,每个洞都要决出胜负,所用杆数最少者为该洞的优胜者。在规定洞数比赛完毕后,所胜洞数最多者为最终胜者。

(2) 杆记数比赛:源于英国旧式的一日制比赛,起初的比赛只是一日内完成比赛而专用的竞赛方式,现在比杆赛是以规定洞数的总杆数来决定胜负的,竞赛者在完成比赛后,统计所打洞数的总杆数,总数最少为优胜者。在完成规定的一轮或几轮比赛后,如杆数相同,应再进行入洞比赛,直至一方赢了一洞为止。

6. 场地

高尔夫球场是在原址自然的地形、地貌的基础上,经人工绿化和独具匠心的点缀,把自然景观与建筑融为一体(图 1-1)。标准高尔夫场长 6 500～7 500 码,宽度不限面积 1 200～2 000 亩。标准的球场有 18 个洞,每个球洞直径 10.8 厘米,深度至少 10.2 厘米。洞口距果岭内沿 4.6 米以上。比赛逐洞进行,完成一洞移至下一洞重新开始。一场球要完成 18 个洞,4 个长距离洞(大于 460 码)、10 个中距离洞(240～460 码之间)、4 个短距离洞(小于 240 码)。

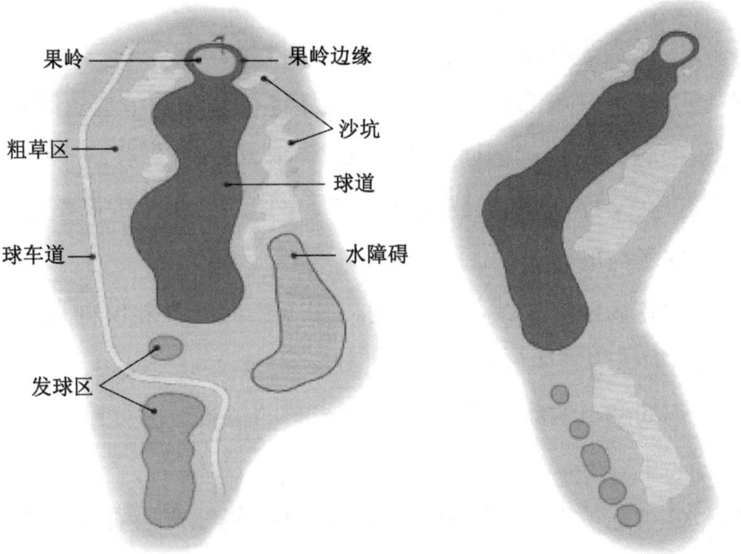

图 1-1

☆ 发球台(区):是每一个球洞的起点(略高于球道的草坪区域),是用来开球的草坪区域。开球时,把一支球座插在草坪的指定位置,然后把球放在球座上,再把球击打出去。开球区上有三组远近不一的开球线，离洞最远的被称为冠军线，一般为职业运动员使用；中间的开球线为男选手使用；最近的开球线为女选手使用。

☆ 球道(果岭信道)：是指连接发球台与果岭之间的草坪区域，球道分为短距离球道、中距离球道和长距离球道。短距离球道的长度在 240 码以内，标准杆数为3 杆；长度在 240～460 码的球道称为中距离球道，标准杆数为 4 杆；长度在 460 码以上的球道称为长距离球道，标准杆数为 5 杆。

☆ 草皮断片：在击球时被杆削起的草皮，很多球场会用沙子来填实。

☆ 散置障碍物：一般定义为各种大小的石头，落在场地上的落叶和树枝，还有其他类似物，比如动物的粪便、昆虫和蚯蚓造成的土堆，打碎的高尔夫球碎片，这些东西是散落在地上的，不是地面上长出来的和地面有连接的东西。

☆ 果岭：是设置球洞和放置球杯的特殊短草坪。

☆ 长草区：球道的边缘一般都有半长草区和长草区，一般长得都不规则。有的还会形成不规则的有阻碍性的草带。

☆ 树林：球场内的树木。

☆ 沙坑：障碍周围被草坪围绕，标准球场一般有 40～70 个沙坑。分球道沙坑和果岭沙坑。

☆ 水障碍：增加比赛难度和增加球场的景观效果。

☆ 距离标记：许多球场都有相当精确的距离标记，它们被放置在球道上或球道边上，有助于球手选杆，距离标记通常放在果岭前或中间 150 米。

☆ 待修复之地：又称修整地，被俱乐部或赛事组织者标示的修整地。

☆ 建筑物：球场内的服务站、小卖店、中途屋等。

☆ 界外：非比赛场地的区域，英文简称“OB”，在界内界外模糊地区，委员会必须通过界桩、栅栏等物体清晰明确地标出界外线。

☆ 旗杆：用不同颜色的旗布指示果岭上球洞的位置，一种颜色用来表示球洞在果岭前部，另一种用来表示球洞在果岭后。

☆ 临时积水：指球员在自己采取站着的姿势时，视线可以看到的任何一处积水，但这种情况下可以接受补沙等补救措施。

除标准高尔夫球场以外，为了满足球员练习，可根据实际情况设置练习场地：如同济大学嘉定校区高尔夫练习场(图 1-2)。该场地含 8 个练习打位、3 洞的果岭练习场、16 个练习打击笼(图 1-3，图 1-4)。

图 1-2

图 1-3

图 1-4

四、课后任务

1. 课外作业：在网上收看推杆和 S 杆技术。
2. 思考题：怎么理解高尔夫基本知识与文化？

第 2 课

果岭知识和推杆技能

教学任务

一、体能训练:增强学生的耐力和柔韧(20 分钟)

二、果岭知识和推杆技能(一)(30 分钟)

三、果岭知识和推杆技能(二)(30 分钟)

四、课后任务(10 分钟)

注意事项

遵守练习场地安全条例,每个打位限一名练习者,垂直进出打位,练习者在练习时,观摩者应站在安全区内。练习者在击球和练习挥杆时,应确认周围安全无误。

组织教法

先讲解示范然后根据练习场地情况和上课人数安排练习,一般分三组循环练习,一组在练习场,二组在打击笼。根据学生练习情况进行纠错和指导。

一、体能训练

1. 准备活动(4×8)

(1) 振臂运动; (2) 扩胸运动; (3) 体转运动; (4) 俯背运动;
(5) 体绕环运动; (6) 正压腿运动; (7) 侧压腿运动; (8) 膝绕环运动;

(9) 腕关节、踝关节运动。

2. 柔韧性训练(增强学生的耐力和柔韧)

(1) 伸展运动(从膝盖到胸部连续做 8 次为一组,重复 3 组)。

(2) 平躺扭腰(左右各做 6 次为一组,重复 3 组)。

(3) 手肘碰触膝盖(连续做 12～20 下为一组,重复 3 组)。

(4) 三合一伸展动作(每边连续做 10 次为一组,重复 3 组)。

(5) 猫拱背伸展动作(连续做 10 次为一组,重复 3 组)。

(6) 向前拉背(重复做 3 次)。

(7) 原地跳跃(连续做 20～30 秒为一组,连续进行 3 组)。

3. 长距离慢速跑(耐力恢复练习)

男生 1 200 米,女生 1 000 米。

要求:学生持续轻松地以中低速度跑完全程,避免伤痛。大部分学生可参照耐力考试及格成绩乘以 1.25 的速度完成练习。

二、果岭知识和推杆技能(一)

1. 介绍果岭常识

(1) 场地

果岭是设置球洞和放置球洞杯的一块特殊的草坪,主要包括果岭推杆区、岭环、岭围、岭周区。

(2) 规则

① 擦球:球打上球洞区,可以擦球,但必须做好球位标记,没有做标记,要罚一杆。

② 击球顺序:谁的球离洞远谁先打球。

③ 妨碍:妨碍别人打球的球,可以拿起但应做标记。推击线上如果有树叶、石块等障碍物可以拿走,但在推击线上有钉鞋的印痕,则不能去整理。如果当别人推的球还在运动时,就做动作打自己的球,则要罚两杆。

④ 入洞:正式比杆赛中,每一洞都必须击球入洞,否则即失去参赛资格。

⑤ 触及别人的球:打球上果岭时,碰到果岭上别人的球,要把被碰到的球放回原位,若两个人的球都在果岭上,打到球的人要被罚两杆。

(3) 果岭礼节

① 果岭中禁止直接穿行,以免影响球友,尽可能绕边线而行。

② 在球友推杆时,不可以站在球友的推杆线正前方和正后方,不能踩到球员的

推杆线。

③ 同组球员未完成击球时，不应离开果岭。

④ 同组球员全部击完球后，尽快离开球洞区，不要在果岭上慢慢计分和联系。

2. 基本技术

推杆的握杆方法有许多种——比如标准式、重叠式和爪式等。但是在你能运用自如之前，没有任何一种握法会有效。可以到果岭上去尝试下面所有的握法，看一看哪种效果最好。

(1) 标准式

① 双手放到身体前面，自然下垂，手掌平伸，手心相对。身体从腰部往上微微前倾，保证双眼在球的正上方。

② 将推杆放在两手掌之间(图 2-1)。

③ 两只手握住推杆。两个拇指伏在推杆上。和用铁杆时一样(参见第 3 课)，你可以用各种方式握杆——比如重叠式、爪式，或图中所示的反重叠式。不论选择哪种方式，握杆时都应该双手配合，就像一个整体。如果两只手是分开的，那么下杆击球时想保持杆面平直要比双手配合时困难得多。

④ 推球时，双手向握把均匀地施加压力(图 2-2)。

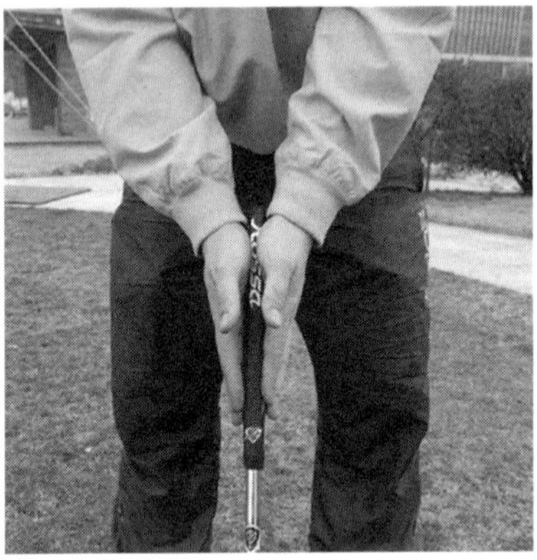

图 2-1

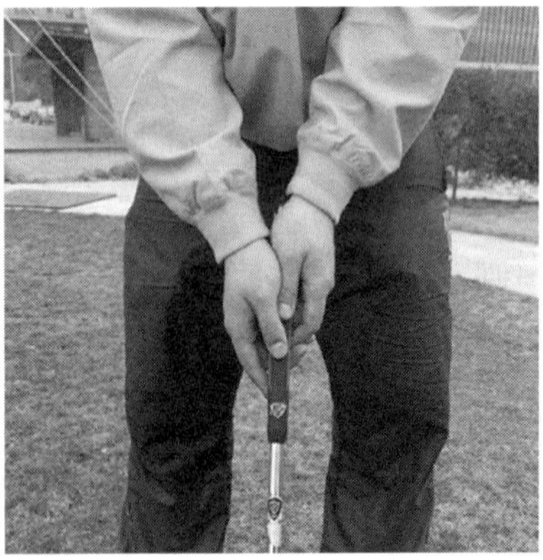

图 2-2

(2) 重叠式

推杆的另外种握法是重叠式。这种握法和标准式基本相同，唯的一点区别就是要交换一下左右手的位置：左手在下，右手在上。这种握法能强制你的肩膀与果岭保持在一条直线上防止手扭劲(图 2-3)。

(3) 爪式

近年来的 PGA 巡回赛上，球手们将一种叫做“爪式”的不正规握法普及开来。对于那些不适应其他握法，或是用其他的握法无法取胜的球手来说，“爪式”成了杀手锏。用这种握法是为了杜绝推杆时手部动作变形和用一只手握杆只差一步之遥。右手这样握杆之后，手腕再没有任何机会扭劲了。由于手位特殊，这种方式对于初学者来说并不容易把握。

上面的那只手(左手)要像标准式中那样握住球杆，同时球杆是位于下面那只手(右手)的拇指和手掌之间的。右手不要像在其他握法中那样握在握把上，而应该打开，指向球杆前方的地面(图 2-4)。

图 2-3

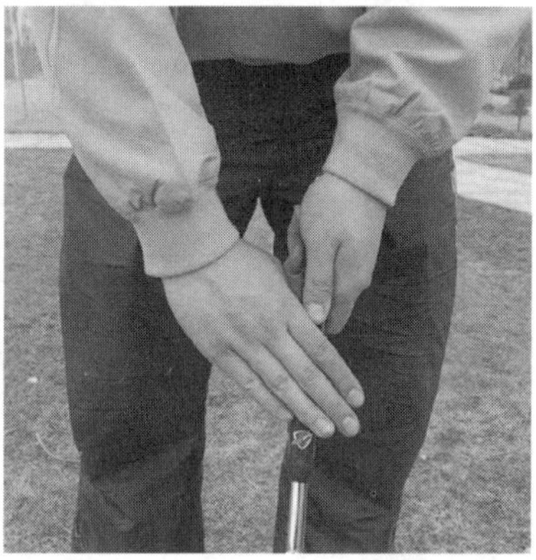

图 2-4

3. 推杆技术

(1) 球位:球的位置必须往前，与左脚跟对齐，球在双眼中间的正下方。

(2) 站姿:双脚分开与髋同宽，脚尖、肘和肩必须与目标线平行，上半身前倾，眼睛在球的正上方，双膝和双肘微屈。双肘紧贴身体侧面。

(3) 挥杆击球:双臂沿着球与球洞的直线挥动，手腕保持不动，击球时杆头击球面与目标线垂直。保持双肩与两手臂为固定三角形。平顺钟摆，保持左手手腕伸直。击球时，杆头一定要加速，击球后送杆，左手腕与左手臂、左手背仍然保持一条直线，击球后再转头看球的路线。

三、果岭知识和推杆技能(二)

1. 推击要领

一场球打下来，在 18 个洞的果岭上，会遇到各种各样的推杆，如长距推杆、短距推杆、直线推杆、曲线推杆、上坡推杆、下坡推杆等，其中没有两次推杆是完全一样的。尽管遇到的球位千差万别，实际上只要考虑距离和方向。距离是指应该用多大的力道或者杆头速度使球刚好到达洞口，方向是指朝哪个方向推才能在坡度的作用下刚好转到洞边。

距离和方向哪个更重要，要看球与洞的距离。一般说来，短推杆方向较重要，因为短距推杆容易偏左或偏右而错失球洞，而距离控制较容易。相反，长推时将球推至距洞口 1 码以内很困难，倒容易推过 3 码多或短了 3 码多，因此，面对长推杆，距离较方向更为重要。为了控制好距离和方向，先要掌握击球要领(图 2-5)。

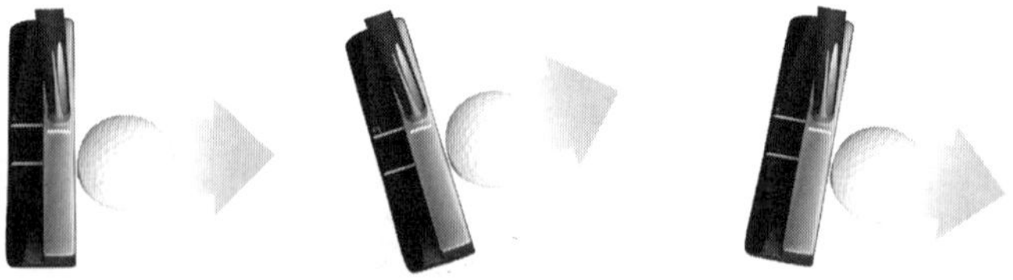

杆面方向决定球滚动方向

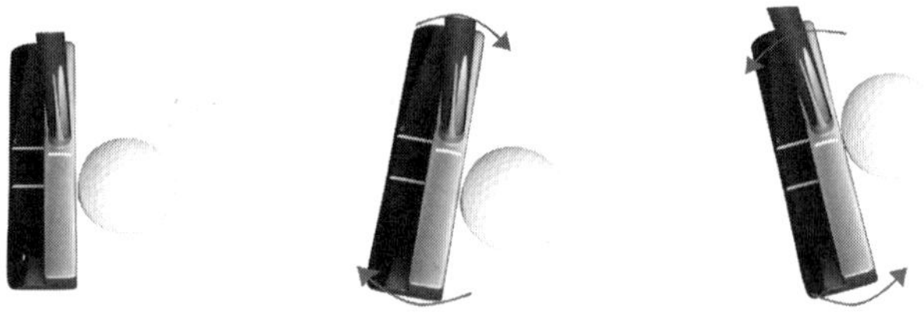

是否以甜蜜点击球影响距离和方向

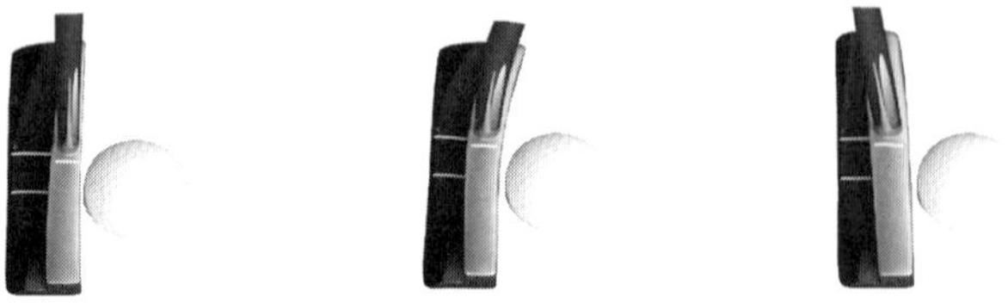

击球的角度决定球的上旋大小

图 2-5

(1) 杆头在击球时的路径(杆头从内到外、从外到内击球、直线通过)。

(2) 击球时的杆面方向(击球时杆面向左关、杆面向右开、正对目标)。

(3) 杆面与球的接触点(甜蜜点击球、非甜蜜点击球)。

(4) 击球角度(杆头向上、向下或水平移动时击中球)。

(5) 杆头速度(击球时的杆头速度与球的滚动距离成正比)。

以上五要素中(1)和(2)决定球的方向，(3)(4)和(5)决定击球距离。我们的目标就是击球时让杆头直线通过并让杆面正对目标，达到击球效果。

小贴士：

推球练习的最大优势是可以在任何地方进行。如起居室的地毯上、过道等，利用一只杯子代替球洞，练习寻找推杆路径。重要的是多练习。

2. 组织教法

一组八人，分三个果岭进行练习。

3. 实用练习方法介绍

(1) 网球推球：试着用网球练习近距离推球，当再换成高尔夫球时，你会觉得球洞看起来比原来大多了(图 2-6)。

(2) 目测：将一张 CD 反面朝上放在地面上，在 CD 的正中心位置放置高尔夫球。当你站好时，CD 应该能照出你的脸。如果照不出，证明头部位置不对，那么请复习推球站位的要求(图 2-7)。

图 2-6

图 2-7

(3) 简单实用的推杆练习法：

方法一：胸前三角形

保持胸前球杆的位置，注意推杆过程中双手与肩膀形成的稳定三角形，这就是钟摆式推杆控制距离的秘诀(图 2-8)。

方法二：腋窝夹杆

链接肩膀与胸部，将沙杆置于腋窝下，准备推杆动作使两只杆平行，左手前臂轻轻托起沙杆杆身(图 2-9)。

图 2-8

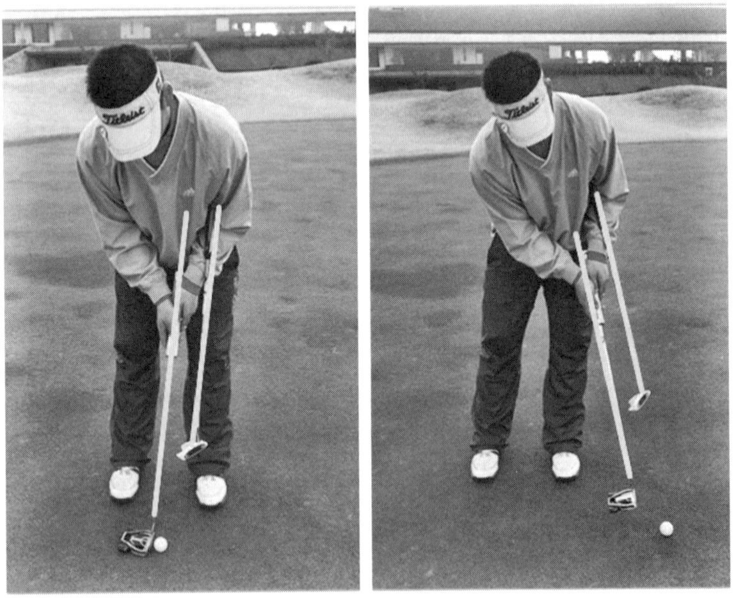

图 2-9

(4) 距离控制:练习距离控制时,将 3 个球座放在地面上,第一个在你的前方 5 英尺(约 1.5 米)处,第二个在你的前方 15 英尺(约 4.5 米)、右方 2 英尺(约 0.6 米)处,第三个在你的前方 30 英尺(约 9 米)、右方 4 英尺(约 1.2 米)处。轮流把球打到球座放置的地方,进行推球练习,加强对距离的感知(图 2-10)。

(5) 转圈推球:以某个球洞为圆心,周围摆上一圈高尔夫球距离不要太远(比如大约 0.9 米),然后进行转圈推球,把这圈中的每个球都推进洞。这种重复练习能帮你找到近推的感觉和信心。如果这圈球摆在有坡度的球洞周围,就等于上了一个观察果岭"速成班"(图 2-11)。

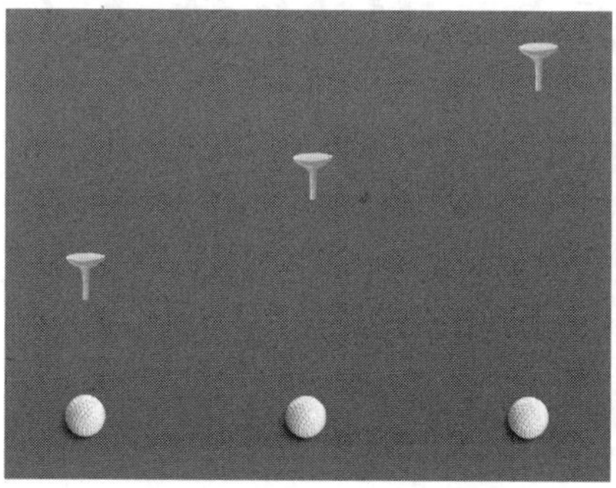

图 2-10

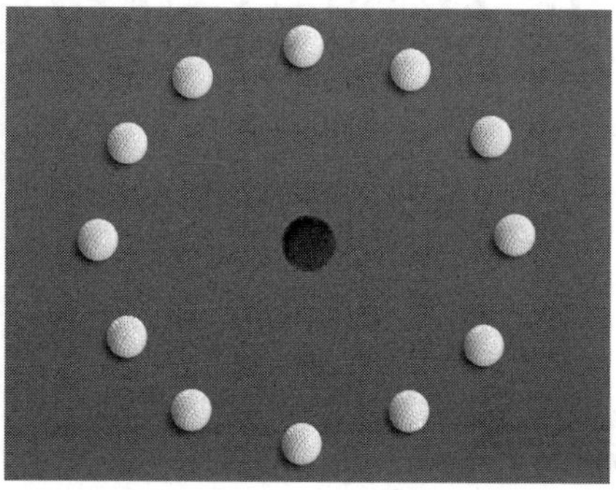

图 2-11

四、课后任务

1. 课外练习:推杆练习 30 分钟,在网上查看 S 杆技术。
2. 思考题:高尔夫的精髓是它的文化功能,你如何理解?

第3课

挥杆理论和教学S，P杆技术(一)

◇ 教学任务

一、体能训练：速度、灵敏(20分钟)

二、复习推杆技术(20分钟)

三、讲解挥杆理论介绍“PGAS”的概念(20分钟)

四、教学S，P杆技术(一)(20分钟)

五、课后任务(10分钟)

◇ 注意事项

遵守练习场地安全条例，每个打位限一名练习者，垂直进出打位，练习者在练习时，观摩者应站在安全区内。练习者在击球和练习挥杆时，应确认周围安全无误。

◇ 组织教法

先讲解示范然后根据练习场地情况和上课人数安排练习，一般分三组循环练习，一组在练习场，二组在打击笼。根据学生练习情况进行纠错和指导。

一、体能训练

1. 准备活动(4×8)

(1) 头部运动；　(2) 肩部运动；　(3) 腹背运动；　(4) 正压腿；

(5) 侧压腿；　　(6) 膝关节运动；　(7) 踝关节运动；　(8) 跳跃运动。

2. 体能练习(速度、灵敏)

(1) 力量练习(男生:静力性俯卧撑,每次保持 8～10 秒或稍长时间,共 5 次;女生:对墙曲臂支撑,每次保持 8～10 秒或稍长时间,共 5 次)。

(2) 变速跑(男生 1 200 米,女生 800 米)。

要求:①静力性俯卧撑,当身体下降到胸部将要触及地面时,保持静止姿势。②对墙曲臂支撑,全身挺直,上身前倾,两手掌扶墙,指尖朝上,屈肘使上臂和前臂成 90°,两臂保持屈肘姿势撑住上身。③变速跑时,队伍整体保持中速匀速前进,队尾的同学以最快速度从两侧跑到排头,反复循环直至全班跑完全程。

二、复习推杆技术

1. 长推杆的挥杆轨迹

对于短推杆,推球的方向是沿着目标线直上直下。但对于长推杆来说,随着距离的增加,推法必须更自然、更流畅。杆头在上杆时应往目标线内侧移动,然后在触球时杆面要正对目标线,送杆时杆头又回目标线内侧。如果你尝试用直上直下的方式处理长推杆,那你的双手和双臂必须刻意用力,而双臂僵硬根本无法准确地控制距离。

为了稳定地推好长推杆,想象你是沿着一个圆弧挥动杆头(图 3-1)。双肩、双臂和双手一体动作,力量控制来自肩膀,双臂和双手放松。让杆面顺着圆弧自然地开闭,杆面在触球时垂直目标线。

图 3-1

2. 用上杆幅度控制距离

在果岭上经常会遭遇三推的情形，失败的原因是什么？是方向偏差太大、距离控制不当，其实大部分原因是后者。任何超过 3 码的推杆，控制距离比控制方向更为重要。即使一个初学者也能推出接近推击线的球，但能掌握正确距离的人却寥寥无几。究其原因，很多球友根据距离的远近来决定击球力道，这样很难拥有稳定的距离感。

正确的方法是，用挥杆弧度的大小决定推球距离。距离越长，你的挥杆弧度越大，反之则弧度越小(图 3-2，图 3-3)。

图 3-2

图 3-3

练习距离感的最佳方法是，在练习果岭上距球洞 5 码、10 码、15 码的地方各放几个球，改变上杆幅度推不同的距离。然后随便改变距离，找到距离与上杆幅度之间的正比关系。每次的击球力道要足够，即使不进洞也要停在超过洞口大约 30 厘米的地方，这是最容易进洞的力道(图 3-4)。

3. 长距离推杆练习法

很多业余球员在面对 10 码以上的长推杆时，几乎都有可能三推，因为他们很少练习这种长推杆，当然就无法拥有良好的距离感。相反，一流的推杆好手不但在 2 码范围万无一失，对于长距离推杆同样也拥有良好的触感和距离感，因为他们知道,面对 10 码以上推杆时,只要尽可能接近洞口,保证第二杆顺利进洞即可,打好长推杆的不二法门就是勤加练习,通过练习找到适合自己的方法。可以试试以下方法。拿出推杆,在洞口以杆身为半径画出一个想象的圆圈。把 10 颗球放在距洞口 10 码处,要求每次把球推进这个想象的圆圈内(图 3-5)。检查一下成功率。坚持练习,直到 10 颗球全部进入圈内为止。然后改变距离,用同样的方法练习,这样你在长推杆上的进步将是惊人的。还有一个好方法,从果岭的一边将球推到另一边,以不超过为原则,尽可能让球接近果岭边缘。这种练习方法的好处是,让你忘掉方向只专注于距离感。

图 3-4

图 3-5

4. 短距离推杆要领

2 码以内的短推杆是决定一场球赛胜负的关键。在球场上,经常看到球友错失 1 码左右的短推球,实在令人沮丧。解决这样的问题可从两方面入手,一是从心理上,二是从技术上。

至于技术上的问题,我想主要是击球时杆面方向偏差. 即击球时不能让杆面正对目标。这就需要多加练习,把 10 颗球围着洞口摆好,每个球离洞口 2 码远,然后一个接一个将球推进洞里(图 3-6)。

图 3-6

三、挥杆理论与"PGAS"

1. 挥杆理论(Swing Theory)

简单归纳为:直接自然,7 个动作(瞄球、握杆、站姿、站位、身躯、球位、挥杆),1 个中心(左上、右落),4 组技术(控制球杆、双臂转动、身躯转动、挥杆节奏),3 个角度(身躯角度、击球角度、送球角度)。

2. 介绍 PGAS 概念

P:position(站位)。

G:grip(握杆)。

A:aim(瞄准)。

S:swing(挥杆)。

握杆步骤:

第一步:左手握杆。将球杆斜过左手掌通过左手掌肉垫和左手食指第一个关节(图 3-7 中圆图),收拢左手指轻轻握住球杆,拇指正对杆面,拇指比食指突出一个关节,拇指与食指形成 V 字形对着右肩(图 3-7)。

第二步:右手握杆。右手要用手指握杆,球杆应横置于小指根部到食指第一个关节之间。右手拇指根部肉垫压住左手拇指。右手虎口指向右耳，拇指和食指形成一个问号(图 3-8)。

图 3-7

图 3-8

第三步：将双手连成一体。

三种握杆方式：

(1) 互锁握杆法，右手小指与左手食指交叉勾锁住一起(图 3-9)。

(2) 重叠握杆法，右手小指卡在左手食指与中指之间(图 3-10)。

(3) 十指握杆法，像握棒球球棒一样握杆(图 3-11)。

图 3-9

图 3-10

图 3-11

3. 上挥杆技术

(1) 后摆杆：杆慢而直的向正后方平移 30 厘米，尽量贴着地面走，左臂和左手与球杆形成一体，球杆的杆尾端要始终指向左大腿内侧。

(2) 上挥杆：上挥杆是后摆杆的延续，以杆头带动两臂和左肩向右转动，左腋夹住，右上臂基本保持固定，肘部随左臂的上举徐徐弯曲，左肩在左臂的带动下向右转动，同时也带动左腰左髋向右转动，左腿向内旋钮，左膝内扣，大腿内侧肌肉拉紧，右腿依然保持内扣，右脚内侧承担大部分体重，其余部分由左脚前脚掌内侧承担。头颈部保持正直，左肩最后回到下颌的下方。左臂伸直，左手大拇指支住杆把，完成屈腕动作，手腕正直。左手手背和左前臂位于同一平面。肩部转动 90°，腰部转动 45°。左膝在扭动下靠近右膝。左踝稍提起。

(3) 挥杆顶点：左踝稍提起，体重主要由右脚内侧支撑。左、右手手腕分别与杆成 90°，右手的肘部内侧成 90°。

4. 下挥杆技术

(1) 下挥杆：发力顺序，下半身、带动腰、肩、臂、杆头。由大臂带动小臂、带动手腕发力。左腿用力支撑，使下肢被扭压紧的力的力量向上移动。左膝盖向目标方向移动，将身体重心移到左脚，腰部做向击球准备时的状态复原扭转，左肩也在下肢及腰部的作用下，自然向左转动，带动左臂拉引球杆。

(2) 冲击球：下挥杆积蓄的力量集中于手腕向拇指侧的屈曲上，两臂继续还原，杆头急快速度下落，正好到达准备姿势，杆头飞快正直扫过，将球击出，头部保持不变。

(3) 顺势结束：击球结束后，左腿内侧紧张，固定左膝使之不向左右移动，右踝提起，右膝向左膝靠拢，腰部继续转动，身体仍绕轴心转动，在杆头的带领下，右臂伸直，牵引右肩向下巴下方运动，左腋夹住，左手手背朝向左后方，杆头向目标方向大幅度挥出。两手达到腰部位置，头部保持冲击球的状态，右臂保持伸直，左臂随之向上弯曲，身体重量全部由左腿承担，在右臂到达右肩平高时，头部才随着转动轴向目标转动，两眼注视飞行中的球。身体完全转向目标方向。

四、教学 S，P 杆技术(一)

1. 短打击球原理

所谓短打是指在果岭附近以不完全挥杆的方式击球，一般说来 60 码以内的击球称为短打。短打的目的就是通过控制距离和方向把球打在旗杆附近，争取一杆推进洞。因此我们每次击球只需打出刚好的距离和正确的方向。短打是迷你挥杆，因此，它的挥杆原理和全挥杆是一样的，也有击球五要素。

(1) 击球时的杆头路线(从外向内、从内向外、直线通过)。

(2) 击球时的杆面方向(朝右、朝左、朝目标)。

(3) 击球时杆面与球的接触点(以甜密点击球、非甜密点击球)。

(4) 击球时杆头与地面形成的角度(向下、与地面平行、向上)。

(5) 击球时的杆头速度。

以上五要素中,(1)和(2)决定方向,(3)(4)(5)决定距离。

2. 劈球挥杆

劈球高手们做挥杆动作时是有节奏的,上杆和下杆时都能做到匀速、平稳。劈球时的常见错误是下杆速度太快,这样的结果肯定是击球表现不佳。应该设法保持动作平稳,送杆过程应至少和上杆过程一样长。

小贴士:

上杆时要和收杆时数同样的数(比如1, 2, 3)。这样做有助于挥杆时平稳、有节奏,避免手部抖动。

一般劈球是为了让球飞越果岭边缘的沙坑。为保证击球成功,两腿之间距离要宽,手臂要放松动作要"持续",要在手腕处拧上股劲,而不是去弓起左手肘,借助杆面的倾斜度把球抛向高空。转身时转动整个肩膀,用差不多50%的力量挥杆。开始上杆后,手腕马上拧上劲。挥杆全过程中,身体重心都要保持在左脚上(图3-12)。击球的瞬间,腕部肌肉应该放松同时双手握住球杆,但不能过紧。劈球时应感觉到双臂已经伸直而且松弛。收杆时,球杆停止的位置应该高出左肩很多(图3-13)。

图3-12

图3-13

3. 组织教法

一组为八人，分三组循环练习，一组在练习场，二组在打击笼。根据学生练习情况进行纠错和指导。

练习要求：掌握正确握杆和击球基本技术，以小组为单位进行练习、观摩、纠错。

4. 实用练习方法介绍

(1) 在果岭周围进行练习，根据球离球洞的距离调整击球的发力和挥杆的幅度。

(2) 在打位上进行练习，根据球离球洞的距离掌握击球的发力和挥杆节奏。

五、课后任务

1. 课外练习：复习 S，P 杆基本技术。

2. 思考题：怎样控制和调节短切击球？

第 4 课

教学 S，P 杆技术(二)

◇ 教学任务

一、体能训练：力量、速度等素质(20 分钟)

二、复习所学“PGAS”知识(20 分钟)

三、教学 S，P 杆技术(二)(20 分钟)

四、练习巩固 S，P 杆技术(20 分钟)

五、课后任务(10 分钟)

◇ 注意事项

遵守练习场地安全条例，每个打位限一名练习者，垂直进出打位，练习者在练习时，观摩者应站在安全区内。练习者在击球和练习挥杆时，应确认周围安全无误。

◇ 组织教法

先讲解示范然后根据练习场地情况和上课人数安排练习，一般分三组循环练习，一组在练习场，二组在打击笼。根据学生练习情况进行纠错和指导。

一、体能训练

1. 准备活动(4×8)

(1) 头部运动；　(2) 肩部运动；　(3) 腹背运动；　(4) 正压腿；
(5) 侧压腿；　(6) 膝关节运动；　(7) 踝关节运动；　(8) 整理运动。

2. 体能练习(力量、速度等素质)

(1) 速度练习(原地、行进间高抬腿跑 15 米×3;冲刺跑 30 米×5)。

(2) 力量练习(臂部:抗阻力臂屈伸,30 次×2;腰腹:静力性两头起,保持静止姿势 8～10 秒钟或稍长时间,共 10 次;腿部:静力半蹲,每次保持 8～10 秒或稍长时间,共 5 次)。

3. 任务要求

(1) 高抬腿时主动抬高大腿并积极下压且兼顾提高步频练习。

(2) 抗阻力臂屈伸,两人面对面站立,两手指交叉互握,做手臂屈伸时,两人的脚均不能离地。

(3) 静力性两头起时呈仰卧后,下肢和上身同时翘起呈"V"字形,腹直肌极度绷紧,然后放松。

(4) 静力半蹲,大腿保持水平,上身尽量与地面垂直,两臂交叉抱于胸前,股四头肌极度绷紧,然后放松。

二、复习所学"PGAS"知识

1. 挥杆动作静态位置(图 4-1)

(a) 准备击球站姿　　(b) 启动上杆

(c) 上杆至时钟九点位置

(d) 上杆中途至“L”位置

(e) 上杆顶点

(f) 启动下杆至下杆中途

(g) 击球瞬间

(h) 击球后送杆

(i) 送杆

(j) 完成收杆

图 4-1　挥杆动作图解

2. 挥杆基本技术

要求：转左膝，左手用力使杆平移，杆顶部对齐左腹部，右手扶好杆。转髋、右手手腕用力托起球杆直肩，转肩、右手做托盘动作与杆成一平面，左手伸直，杆在右肘的后面，身体重心 60%始终在左脚上，扭紧身体。下杆先转身体再带动击球，眼睛看球，击球后再转头。收杆后重心落在左脚上，右脚跟提起，身体左转，保持动作的连贯性。

三、教学 S, P 杆技术(二)

1. S 杆和 P 杆的区别

(1) 长度不一样，角度不一样。

(2) S 杆用在击打距离较近，P 杆击打距离较远。

(3) P 杆的球位不同，球位远离右脚一些。

(4) P 杆击打时，球位远离右脚一些。

2. 劈球挥杆

劈球高手们做挥杆动作时是有节奏的，上杆和下杆时都能做到匀速、平稳。劈球时的常见错误是下杆速度太快，这样的结果肯定是击球表现不佳。应该设法保持动作平稳，送杆过程应至少和上杆过程一样长。

一般劈球是为了让球飞越果岭边缘的沙坑。为保证击球成功，两腿之间距离要宽，手臂要放松，动作要保持连贯，要在手腕处拧上股劲，而不是去弓起左手肘，借助杆面的倾斜度把球抛向高空(图 4-2，图 4-3)。转身时转动整个肩膀，用差不多 50%的力量挥杆。开始上杆后，手腕马上拧上劲。挥杆全过程中，身体重心都要保持在左脚上。

图 4-2

图 4-3

3. 切球训练

切球和劈球都需要大量的实践才能使球更接近目标。练习这类打法对于减少在果岭附近击球的杆数来说非常重要,这是一个百分之百能提高成绩的方法。为了训练切球技术,不是通过击球时手腕发力,需要手持两根球杆,握住其中根的握把,再握住另外1根球杆杆身靠近杆头的地方(图4-4,图4-5)。这样做可以使手腕不参与击球,而使左臂和球杆合二为一,左臂好像成为球杆的延伸部分。这一练习能使你的手腕在击球时避免发力,如果发力了,会感觉到杆身碰到了胸腔,而如果动作正确的话,球杆绝不会碰到身体。你可能用了很大劲想让球飞起来,但其实这个任务应该让球杆的倾角来完成。

图4-4

图4-5

小贴士:

上杆时要和收杆时数同样的数(比如1,2,3)。这样做有助于挥杆时平稳、有节奏,避免手部抖动。

4. 劈球训练

在球后方约5厘米处并排放置两个球座。试着击球时只碰球而不碰球座,这样等于在自上而下地击球。如果做不到,你很可能会打出削顶球或者平直球,球会严重偏离目标。如果挥杆动作有误,球杆会在还没有触到球时就撞到球座(图4-6,图4-7)。

图 4-6

图 4-7

四、练习巩固 S，P 杆技术

1. 组织教学

一组为八人，分三组循环练习，一组在练习场，二组在打击笼。根据学生练习情况进行纠错和指导(图 4-8)。

图 4-8

2. 练习要求

掌握正确握杆和击球的基本技术，以小组为单位进行练习。击球的瞬间，腕部肌肉应该放松，同时双手握住球杆，但不能过紧。劈球时应感觉到双臂已经伸直而且松弛。收杆时，球杆停止的位置应该高出左肩很多(图 4-9，图 4-10)。

图 4-9

图 4-10

3. 实用练习方法介绍

(1) 两人一组掷网球，根据正确的击球动作，防止网球的左曲和右曲。

(2) 正确握杆后，让杆垂直于身体，进行上杆和下杆的动作，体会整个挥杆节奏。

五、课后任务

1. 课外作业：S 杆和 P 杆各练习 15 分钟，在网上查看 7 号铁杆技术。

2. 思考题：如何防止左曲和右曲球?

第 5 课

7 号铁杆击球基本技能(一、二)

◇ 教学任务

一、体能训练(20 分钟)

二、复习 S,P 杆要点(20 分钟)

三、7 号铁杆击球基本技能(一)(20 分钟)

四、7 号铁杆击球基本技能(二)(20 分钟)

五、课后任务(10 分钟)

◇ 注意事项

遵守练习场地安全条例,每个打位限一名练习者,垂直进出打位,练习者在练习时,观摩者应站在安全区内。练习者在击球和练习挥杆时,应确认周围安全无误。

◇ 组织教法

先讲解示范然后根据练习场地情况和上课人数安排练习,一般分三组循环练习,一组在练习场,二组在打击笼。根据学生练习情况进行纠错和指导。

一、体能训练

1. 准备活动(4×8)

(1) 振臂运动; (2) 扩胸运动; (3) 体转运动; (4) 俯背运动;

(5) 体绕环运动； (6) 正压腿运动； (7) 侧压腿运动； (8) 膝绕环运动；(9) 腕关节、踝关节运动。

2. 柔韧性训练

(1) 伸展运动：从膝盖到胸部连续做8次为一组，重复3组。

(2) 平躺扭腰：左右各做6次为一组，重复3组。

(3) 手肘碰触膝盖：连续做12～20次为一组，持续3组。

(4) 三合一伸展动作：每边连续做10次为一组，持续3组。

(5) 猫拱背伸展动作：连续做10次为一组，持续3组。

(6) 向前拉背：重复做3次。

(7) 原地跳跃：连续做20～30秒为一组，连续进行3组。

3. 体能训练

(1) 速度素质练习(原地、行进间高抬腿跑，15米×3；15米折返跑，15米×4为一组，共2组)。

(2) 力量练习(腰腹综合：平板支撑，每次保持20秒，共4组；下肢：弓箭步交叉跳，20次×3)。

4. 任务要求

提高学生速度素质、核心肌群力量和下肢力量。

(1) 高抬腿要求同前。

(2) 折返跑转身前速度稍减慢，减速过程中降重心，至折返点注意蹬地转身发力。

(3) 平板支撑，俯卧，双肘弯曲支撑，肩膀和肘关节垂直于地面，双脚踩地，使身体离开地面，躯干伸直，保持呼吸均匀。

(4) 弓箭步跳，要向上用力蹬起，注意动作幅度和频率。

二、复习S, P杆要点

1. 站姿与上杆

切低球时做出较窄的站姿，双脚呈开式，即双脚尖连线朝目标线左侧。双肩平行目标线，将身体重心移至左半身，手在球的前方。将球位往后移至右脚前方。此准备姿势即为击球姿势(图5-1)。无论是长打还是短打，杆头路线都是最重要的挥杆要素之一。因为路线不对很难以甜蜜点击球，不能顺畅用力，因此很难获得应有的距离。

图 5-1

2. 易犯错误

一上杆就将杆头挥向身体内侧并绕着身体挥杆，接着下杆又犯了同样错误。解决这一问题，你应感觉球杆以很陡的角度上杆。不论上杆或送杆，须感觉球杆以相当垂直的角度挥动。

3. 练习方法

做好击球准备后，于左右两脚跟外侧半米处各插一只球杆。在不碰到球杆的范围内挥杆。随后试着打几个球，开始不要定目标，只要将球击扎实。很快地你会发现自己的击球有了重大突破，此时你就可以在方向和距离上下功夫了。

三、7 号铁杆击球基本技术(一)

7 号铁杆基本技术：“PGAS”——站姿(position)、握杆(grip)、瞄准(aim)、挥杆(swing)。

打好高尔夫的先决条件在于基本功是否扎实，握杆就是重要的基本功。我们与球杆唯一的连接部位就是手，在挥杆击球时，来自身体的巨大力量就是通过手再传到球杆和杆头，如果握杆不正确，上杆到顶点时球杆的位置会偏差，球杆失去控制，下杆击球时无法将全身力量传到杆头上，击出去的球没有距离，方向也会失控。

注意

握杆完成以后，检查双手拇指与食指的V字形的方向，如果指向右肩右侧为强势握杆，容易打出左拉球，如果指向左耳左侧为弱势握杆，容易打出右飞球。

1. 击球准备

站姿要稳定，正确站姿的作用：第一，在挥杆过程中提供良好的平衡，其中下半身的作用是稳定地支撑，并带动上半身平稳地旋转。第二，使全身各部分协调用力，每一部分的力量流畅地释放出来。7号铁杆双脚外侧与肩同宽(图5-2)。双脚的距离一定要适当，太宽限制了身体的转动，不利于力量的发挥，重心会左右移动过多，太窄稳定性降低，容易失去平衡。因此对于短铁杆主要目的是准确与控制，双脚距离较窄。两脚尖向外打开10°～20°。左脚打开的度数比右脚稍多一点，便于击球时腿和腰主动发力。

上身自臀部向前弯，背部自然挺直。正确的站姿应该是膝盖的垂直线通过脚掌，肩膀位于脚尖的正上方，身体重量平均分配在两脚，身体重心通过两脚掌的连线，挥杆过程中下肢主要作用是支撑，必须稳定(图5-3)。挥杆过程中脊椎充当旋转轴的作用，所以球杆越长站姿越直，反之球杆越短站姿越低。业余球手的通病为腿部打直或弯曲太多，这样会导致身体严重的不平衡，站不稳当然很难有流畅的挥杆。

图5-2

图5-3

双臂伸直自然下垂,左、右手肘分别指向左、右臀部两侧,左臂伸直右臂微曲。双手距身体大约一拳的距离,挥杆时双臂有一只保持伸直,上杆时左臂伸直,下杆和击球时也保持左臂伸直,完成击球时双臂同时伸直。过了这个位置,左臂弯曲,右臂伸直,直到收杆。姿势站好以后,要保持双肩和双臂自然放松。

易犯错误

很多业余球手瞄球时双肩夹紧、手臂僵硬,这样挥杆时很容易紧张,下杆击球以手臂为主,球杆在错误的平面上运行,结果击球失误增加。

2. 击球前的瞄准

先瞄准杆面使其正对目标,然后再调整身体。以1号木杆为列,先右手握杆,站在目标线的延长线上,眼睛朝目标上下瞄准,并在球前方1英尺处沿着目标线找出一点。然后,把杆面置于球的后面,做小幅度的调整,直到杆面对准了那一点为止(图5-4)。唯有杆面正对球背和目标,才可能打出直球,这是瞄球的关键。杆面瞄准之后,再进行身体的瞄准。身体要保持方正,即双肩、双膝、双脚尖的连线与目标线平行(图5-5)。

图5-4

图5-5

3. 球的位置

瞄球时摆球位置不能出现偏差。球位太左杆头会在向上运行时击球,此时杆面会向左关闭，容易将球打向左边。使用7号铁杆时球应摆在站姿中央线上（图5-6，图5-7）。

图 5-6

图 5-7

4. 错误指正不良球位

球的位置太前，会使杆头在尚未击中球以前就先到达挥杆圆弧的底部，打成杆头触地的空挥杆,或击拍球的上半部而造成剃头球(图 5-8,图 5-9)。球的位置太后,会使杆头在尚未到达挥杆圆弧的底部之前,就先触地击到球,造成杆头栏腰拍击球的中间部位,而减弱触击的爆发力(图 5-10,图 5-11)。

图 5-8

图 5-9

图 5-10

图 5-11

四、7号铁杆击球基本技术(二)

1. 起杆

正确的起杆动作是，由肩膀带动，双臂与肩膀形成的三角形保持不变，手腕不可丝毫翻转。此时球杆在初始平面上。双手在右脚尖上方，杆面转开小于45°。

要领：导致起杆错误的原因很多，但其中最常见的错误是太快将杆头拉向内侧或将杆头绕着身体向后拉(图5-12)。这样的起杆动作将使上杆平面要么过于扁平，要么过于陡峭。不但破坏了身体的自由旋转，同时也容易造成由外向内的挥杆路径。

辅助教学：

找一个较窄的长板凳，站在长板凳的一边把球杆伸到另边，做好瞄球姿势，让杆身刚好靠在边缘上。首先，以慢动作让球杆一直沿着板凳边缘挥动。找到感觉后再上杆至顶点，然后以慢动作下杆至板凳边缘，并沿着边缘挥离板凳至收杆位置(图5-13,图5-14)。多次练习，你就会找到正确的挥杆轨迹，从而提高你的击球质量。另外，还要想象在手的上方有一块木板，起杆时双于要沿着木板向后，下杆和击球时双手要在木板下方沿木板通过(图5-15)。

图5-12

图5-13

图 5-14

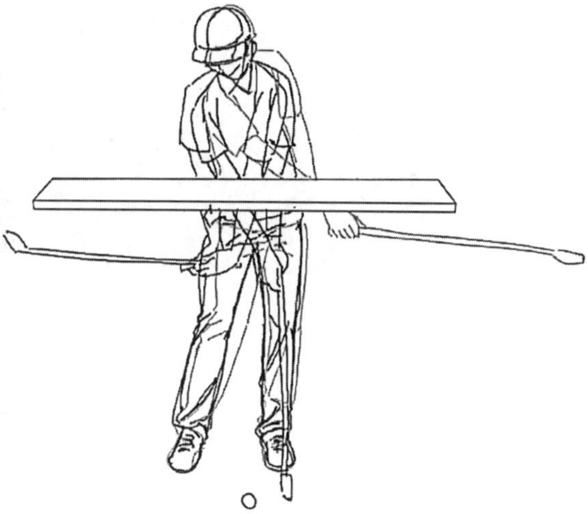

图 5-15

2. 上杆

上杆中途的球杆位置正确会引起良好的连锁反应，上杆顶点、下杆、击球、释放、收杆都会正确。动作要点：

(1) 左手臂与地面平行，从右侧面看双手位于右胸口处，球杆通过右肩头。

(2) 球杆较直立，握把末端指向双脚尖连线与目标线之间。

(3) 球杆与左手臂的角度大于或等于 90°，左手背平直。

(4) 正面看肩膀转动约 70°，腰部转肩膀的一半。

辅助教学：

可用以下方法找到正确位置。找一支如图 5-16 所示的魔术杆，正常站姿和瞄球，练习上杆，如果手腕翻转或球杆角度太平，杆身会弯折，多次练习直到杆身不折为止(图 5-17)。你也可以靠墙练习会得到同样效果。找一面墙，背对墙站立，做好瞄球姿势，臀部靠在墙上，然后上杆，如果上杆错误，杆头会打在墙上。

图 5-16

图 5-17

3. 顶点

上杆到顶点时,转身位置十分重要,因为它直接影响下杆和击球。因此注意:

(1) 上杆顶点时,身体大部分重量移到右腿,右膝角度与瞄球时相同(图 5-18,图 5-19)。

图 5-18

图 5-19

(2) 脊椎角度与瞄球时相同,不可提高或降低。上肢与大腿形成的角度与瞄球时相同(图 5-20,图 5-21)。

图 5-20

图 5-21

(3) 右腿要稳固,重心稍偏右侧,右膝的角度与瞄球时相同。

(4) 肩膀绕着脊椎轴垂直旋转。臀部基本上水平旋转。肩部旋转约 90°,臀部转动约为肩膀的一半约 45°,正面看像大写的 A。

(5) 背部肌肉伸展并拉紧,后背正对目标。整个身体像上紧的发条,随时准备释放(图 5-22)。

图 5-22

五、课后任务

1. 课外练习:复习7号铁杆基本技术。
2. 思考题:你想要达到怎样的击球效果?怎样的击球是好球?

第 6 课

7 号铁杆击球基本技能(三)

教学任务

一、体能训练(20 分钟)

二、复习上一课要点(20 分钟)

三、7 号铁杆击球基本技能(三)(20 分钟)

四、组织学生分组练习(20 分钟)

五、课后任务(10 分钟)

注意事项

遵守练习场地安全条例,每个打位限一名练习者,垂直进出打位,练习者在练习时,观摩者应站在安全区内。练习者在击球和练习挥杆时,应确认周围安全无误。

组织教法

先讲解示范然后根据练习场地情况和上课人数安排练习,一般分三组循环练习,一组在练习场,二组在打击笼。根据学生练习情况进行纠错和指导。

一、体能训练

1. 准备活动(4×8)

(1) 振臂运动; (2) 扩胸运动; (3) 体转运动; (4) 俯背运动;
(5) 体绕环运动; (6) 正压腿运动; (7) 侧压腿运动; (8) 膝绕环运动;
(9) 腕关节、踝关节运动。

2. 柔韧性训练

(1) 坐姿转体:每边做 6~8 次为一组,重复 3 组。

(2) 站姿转身:左右腿各做 5~8 次为一组,重复 3 组。

(3) 旋转手臂及伸展肩膀:每边做 5 次为一组,重复 3 组。

(4) 伸展肩膀及大腿:每边做 8 次为一组,重复 3 组。

(5) 耸肩运动:每边做 10 次为一组,重复 3 组。

(6) 背部及侧身伸展:每边做 8~10 次为一组,重复 3 组。

(7) 扭转颈项:左右各做 5 次为一组,重复 3 组。

3. 体能任务

(1) 快速跳绳(每次连续时间 1 分 30 秒,男生 3 组,女生 2 组)。

(2) 400 米跑(男生 1 分 30 秒以内,女生 1 分 40 秒以内)。

(3) 力量练习(臂部:静力性后抬臂,保持静止姿势 8~10 秒钟或稍长时间,共 10 次;静力性屈腕,保持静止姿势 8~10 秒钟或稍长时间,共 10 次;腰腹综合:平板支撑,每次保持 20 秒,共 4 组)。

要求:

(1) 跳绳时以前脚掌起跳和落地,呼吸要有节奏。

(2) 臂部力量练习和平板支撑要求同前。

二、复习第 5 课要点

1. 练习要求

掌握正确握杆和击球准备基本技术,以小组为单位进行练习、观摩、纠错(图 6-1)。

图 6-1

2. 准备姿势

建立稳定的击球准备姿势如图 6-2 所示。

图 6-2

(1) 站在球的后方,随意设定一个瞄准点。

(2) 右手握住杆尾,杆头置于球后,右手肘紧贴右臂部。

(3) 在不碰球情况下正常握杆,弯腰,杆头在球后。

(4) 屈膝,双腿采取舒适灵活的姿势,有助于做好良好稳定的击球准备。

3. 空挥杆练习

这是许多职业球员常做的练习,对于保持或者重拾挥杆节奏非常有效。以正常站姿站好,将球杆举起约 60 厘米高。向后挥杆,再将杆头划过击球区。注意倾听杆头通过击球区的声音。由于这是没有击球的空挥杆动作,杆头会发出"咻"的响声。这个练习可以帮助杆头以平顺的加速度下杆及通过击球区。习惯这个挥杆感觉后,再运用到真正的挥杆动作上(图 6-3)。

图 6-3

4. 上杆顶点常见错误

一种是太高直，即左手臂离开胸部直接往上举，球杆已到达颈部上力，导致下杆平而过于陡直。这种陡直的下杆平面会造成杆头轨迹以从外到内的方式接近球，从而打出左拉球或右曲球。另一种错误是挥杆平面太扁平，即左手臂位置过低，双手和球杆落在身体后方。这种偏平的上杆平面很容易造成以从内到外的方式触球，结果出现“剃头球”、左曲球或右推球。正确的位置应该是，双肩绕着脊椎轴直角旋转(图6-4，图 6-5)。

图 6-4

图 6-5

5. 辅助教学

可用先上杆至顶点，保持不动，然后慢慢放松握杆，让球杆往下掉。如果球杆碰到右肩末端，表示你的挥杆平面正确(图 6-6)；若球杆掉在头部或脖子上，即表示平面太陡；反之，如果落在身体后方，没有碰到身体，即表示挥杆面过于水平。此位置正确与否决定了下杆的品质，最后影响击球。练习要求：

图 6-6

(1) 双腿。身体重量在两脚中间或稍移到右脚内侧，左脚不要离开地面。保持右腿角度与瞄球时相同。

(2) 臀部和肩膀。此时臀部转动约

45°,肩膀完全转动(约 90°),背部正对目标。整个身体像上紧的发条或像拉满的弓,背部肌肉绷紧。

(3) 双臂。左臂伸直跨过胸前,右手肘贴近体侧,右前臂与脊椎轴平行。

(4) 双手。右手位于球杆下方,左腕背面保持平直。左臂与球杆的角度大约是直角。

(5) 球杆位于右肩末端正上方,对于长杆,杆身应水平地面并与目标线平行。

三、7 号铁杆击球基本技能(三)

1. 下杆

(1) 从顶点到这一位置,以双腿开始,双腿往左下方蹲,重心移到左腿,腰部少许转动。

(2) 右手肘向下和向内拉,下杆平面降低,便于球杆自目标线内侧下杆击球。右肩向下沉,球杆贴身体向下运动,手臂与身体保持绷紧。

(3) 手臂与球杆的角度已变大,手腕已开始释放,便于手与杆头同时到达击球位置(图 6-7,图 6-8)。

图 6-7

图 6-8

(4) 球杆与地面平行,并与目标线平行,位于双脚尖连线的正上方。杆面稍关闭,与脊椎平行。

高尔夫挥杆中最重要的部分是下杆和击球。大部分业余球友把下杆和击球看成是一次完成的动作，所以经常在顶点用力。因为身体没有就位，所以只能用手和手臂发力。结果在下杆末段，每次都会担心击球太厚、太薄或者打偏。

步骤 1：从顶点转换至下杆第一个动作（图 6-9），此时身体和球杆进入了击球前的完美位置。

步骤 2：击球与释放的爆发性动作（图 6-10）。

图 6-9

图 6-10

步骤 1 是决定击球好坏的关键，如果步骤 1 正确，那么到达步骤 2 就不会偏差。此时你想打出坏球都不容易。

步骤 1 的正确动作是双膝增加弯曲度，同时移向目标，感觉双腿向左下方蹲，头部比上杆顶点时低。这样的动作使你的挥杆中心前移，使杆头在击球之后到达圆弧最低点。此时进入步骤 2 时就不会担心打薄，也不会担心打厚（先打地再击球）。因为重心降低所以不会打薄，同时重心移到左边使得挥杆中心前移，当然也不会打厚，而是先击球再铲草。

2. 击球

在击球的一瞬间，球杆与球接触的时间不超过千分之一秒，在球飞离杆面那一刻，其飞行结果就已经决定了。除了风和地形等因素外，你再也无法控制它。每个高球好手的挥杆动作不可能完全相同，但他们在击球的一刻都是一样的。根据击球原理，要想打出直球，击球时杆面必须保持方正、杆头沿目标线运行、击中甜蜜点。

(1) 动作要领：

① 重心位于身体左侧,左腿向身后蹬直,右膝向内弯曲。腰部转约 45°。

② 脊椎角度与瞄球时相同,肩膀与目标线平行,头留在球后方。

③ 双手在球前面(比球更接近目标),左手背保持平直。

④ 杆面略微开放,与球分离时方正。此时杆头速度、打击力度最大。

辅助练习:拿一铁杆,找一轮胎,做好瞄球姿势。让轮胎刚好位于摆球位置。做慢速挥杆动作,不要太用力,碰到轮胎时停止(图 6-11)。检查击球姿势是否正确,如不符合上面所说的要点,做必要的调整,直到正确为止。

(2) 击球要点：

球杆到此位置基本与起杆动作对称,它是良好击球的自然结果。整个身体一致转动,内身体带动手臂和手释放杆头,手和手臂不能主动用力控制球杆。这里要特别强调没有扣手腕动作,杆头回到目标线内侧。

① 左腿伸直,重心移到左脚跟。身体继续旋转,左臀向后转动。

② 双肩连线几乎与目标线平行。头部保留在击球时的位置。

③ 双臂伸直,杆头回到目标线内侧,右手臂与球杆成一条直线,杆面稍关闭。此位置几乎与起杆对称(图 6-12)。

图 6-11

图 6-12

3. 收杆

收杆是你下杆动作的自然结果,收杆要具有良好的平衡,从收杆姿势就可判断你挥杆是否正确,进而断定击球的品质。检查收杆正确与否看你能否在收杆位置停留几秒钟。

要领：

① 左腿伸直，重心落在左脚跟，左脚尖略微离地。右脚尖着地，右脚几乎垂直于地面。

② 皮带扣正对目标，右肩比身体其他部分更接近目标。

③ 双肘的距离与上杆顶点位置相差不多，左肘向内弯成直角支撑球杆，右于臂横挎胸前。

④ 球杆斜挎过后背，杆头指向地面(图 6-13)。

图 6-13

四、分组练习

1. 辅助练习

为了做到正确的重心转移，可以试试扔重物练习，可使下杆一开始将重心移到左脚(图 6-14)。下杆击球前的球杆角度和手的位置极为重要，它们不但决定击球时的杆头路径，也影响杆面击球点。在此位置常犯的错误是，球杆过分由内向外接近球，如果杆面 open 则右出右推球，若杆面 close 则出现左曲球。再有球杆过分由外向内接近球，会打出左拉球或右曲球。

图 6-14

2. 错误指正(杆头击球面偏差)

(1) 杆面开闭:开始上杆时,双手与前臂若无充分扭转,会造成杆面关闭。一旦形成后,要再调回与挥杆路径垂直的方向并不容易(图 6-15)。

(2) 杆面打开:杆面过度朝外打开,同样也是不正确的。必须花费一番功夫才能矫正杆面,使其回复击球准备时与球垂直的方向(图 6-16)。

图 6-15

图 6-16

五、课后任务

1. 课外练习:复习7号铁杆(起杆、上杆、顶点)基本技术。
2. 思考题:如何在上杆中蓄积力量?

第 7 课

高尔夫球的飞行原理

◇ 教学任务

一、体能训练(20 分钟)

二、复习第 6 课要点(20 分钟)

三、了解高尔夫球的飞行原理(20 分钟)

四、组织学生分组练习(20 分钟)

五、课后任务(10 分钟)

◇ 注意事项

遵守练习场地安全条例,每个打位限一名练习者,垂直进出打位,练习者在练习时,观摩者应站在安全区内。练习者在击球和练习挥杆时,应确认周围安全无误。

◇ 组织教法

先讲解示范然后根据练习场地情况和上课人数安排练习,一般分三组循环练习,一组在练习场,二组在打击笼。根据学生练习情况进行纠错和指导。

一、体能训练

1. 准备活动(4×8)

(1) 振臂运动; (2) 扩胸运动; (3) 体转运动; (4) 俯背运动;

(5) 体绕环运动； (6) 正压腿运动； (7) 侧压腿运动； (8) 膝绕环运动；
(9) 腕关节、踝关节运动。

2. 体能任务

(1) 速度素质(摆臂练习；冲刺跑 20 米×3；100 米×2)。

(2) 力量素质(上肢：抗阻力臂屈伸 30 次×2；腰腹：侧面支架式支撑，每次保持 20 秒，左右各两组；下肢：静力半蹲，每次保持 8～10 秒，共 5 次)。要求：

① 摆臂练习以肩为轴，肩带放松，两臂屈肘作前后摆动。

② 抗阻力臂屈伸、静力半蹲的要求同前。

③ 侧面支架式支撑，单肘着地，左脚放在右脚上，然后身体上撑，身体与地面呈三角形，左肩不要前后摆动，尽量长时间保持姿势，换另一侧时重复动作。

二、复习第 6 课要点

1. 挥杆面总结

杆平面就是在挥杆过程中球杆挥出的面，严格地说，它并非是一个平面而是一个曲面。因为转身与用力的方式不同，所以上杆与下杆并非在同一个平面上。上杆目的是为了使球杆到达正确的顶点，才能保证下杆平面正确。

影响挥杆平面的要素是手的位置和球杆的角度。上杆顶点时手的位置高直，杆头会以 outside-in 方式击球，手的位置低平杆头会以 inside-out 方式击球。上杆到达顶点时，杆身指向目标左侧容易打在杆头根部，从而产生 shank 球，反之杆身指向目标右侧下杆时用不上力。

2. 挥杆要领

为了使学生理解挥杆平面的本质，现将挥杆动作分解成十个位置进行分析。

(1) 击球准备：可以看到球员的左肩比右肩高，但最重要的是脊柱与双肩仍然是垂直的(图 7-1)。

(2) 起杆位置：注意手的位置，不要离身体太远，注意手臂与身体的关系，手腕并不是完全没有动作的(图 7-2)。

(3) 上杆位置：此时球杆在方框内非常重要，保持手腕灵活，这是获得杆头速度的重要因素。如果手腕很难做出这样动作，需要重新检查握杆(图 7-3)。

(4) 顶点位置：他的脊柱角度与击球准备时相同，这时如果脊柱与地面垂直了则说明脊柱发生了逆转，改变了脊柱角度。右髋的位置也没有发生改变，初学者常见的错误是右髋向右侧侧移超出黄线，这会让挥杆变得极其不稳定并且损失距离(图7-4)。

图7-1

图7-2

图 7-3

图 7-4

(5) 下杆位置:身体带动下杆,球杆与手臂的角度仍然保持(图 7-5)。

(6) 释放位置:开始释放手腕角度以获得更多的杆头速度,在这个位置时杆头的位置高于手的位置(图 7-6)。

图 7-5

图 7-6

(7) 击球位置:这一刻是力量产生的瞬间,可以看到球员的左肩、左髋、手、杆头在一条直线上(图 7-7)。

(8) 送杆位置:注意手的位置和身体的关系,与起杆位置联想在一起。注意左髋以及左腿和黄线的关系,好的送杆来自身体的充分转动而非手臂向目标方向的挥动

(图 7-8)。

图 7-7

图 7-8

(9) 前挥位置:注意球员的头部仍然保持得很好,身体充分转动,手臂自然挥起(图 7-9)。

(10) 收杆位置:释放身体角度,头部在这时随身体自然抬高。很多业余球友对

"死不抬头"的理解是此时仍不抬头。"死不抬头"止于前挥位置(图 7-10)。

图 7-9

图 7-10

3. 正确的身体旋转

为了使身体重心能在挥杆过程中正确地转移,向下挥杆要适度地将头往右边带。至于下半身的交互动作,如果时间没有掌握好会造成挥杆障碍。以下练习可训练正确有效的身体旋转动作。开始练习前，先在距离左臀部约15厘米的地上插一支旧高尔夫球杆(图7-11)。

图7-11

(1) 以正常姿势准备，将重心移至右膝向后挥杆。

(2) 球杆通过击球区时，左臀部开始向前旋转。

(3) 继续送杆，注意不要碰触或弄歪旧球杆。

(4) 继续挥杆至平衡收杆，旧球杆应该保持原状。

4. 实用练习

利用精准地触击瞬间对铁杆击球相当重要，尤其杆头先击中草地再触击到球的情形要尽量避免。先以理想的击球姿势进行准备，身体重心移至左脚，同时将右脚跟略微抬起。注意臀部和肩膀应稍稍向目标，头及身体则停留在球位上方。这个练习虽然只是静态模拟，还是可以体验正确触击姿势的感觉(图7-12)。

图7-12

(1) 以击球瞬间姿势进行击球准备。

(2) 上杆并将重心移至右边身体。

(3) 重心移回左边挥杆。

(4) 以平衡姿势收杆重心在左脚。

三、了解高尔夫球的飞行原理

1. 球的飞行定律

描述球的飞行状况的四个参数：距离、方向、弹道和弯曲。距离是击球点至球停下来的位置的长度，它是空中飞行距离与地面滚动距离之和。方向是指球刚起飞时的方向。弹道是由杆面击球时的有效倾角决定的，一般说来球杆的倾角越大，弹道越高，距离越近。杆头的运行路线和击球时杆面方向不一致而使球产生侧旋，根据空气动力学原理会使球产生弯曲。球的飞行有9个路线(图7-13)。

图7-13

2. 了解球的飞行状况

在临场实战中，每次击球时最关心的是落点，木杆开球要落在球道上，铁杆击球要上果岭。为了进一步了解球的飞行状况，需要将飞行球路进行细分。击球时不同的杆面方向和杆头路线形成几条路线(图7-14)，归纳为三大类。

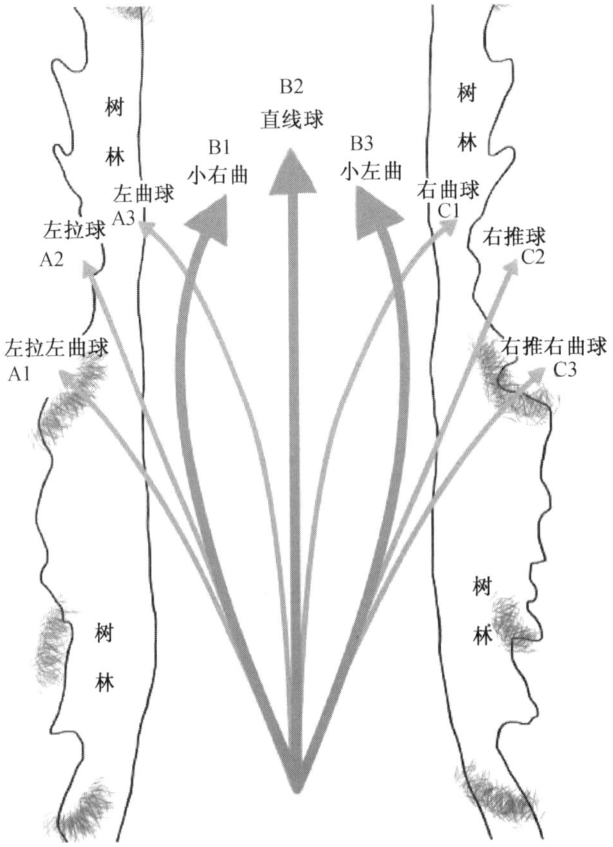

A　　　　B　　　　C

图 7-14

A. 杆面朝左。产生三条路线：(1)左拉左曲球(pull hook)。先向左直飞再向左曲。(2)左拉球(pull)。向左击出的直线球。(3)左曲球(hook)。先向目标飞再弯曲落到左边。

B. 杆面朝目标。有三条路线：(1)fade。开始向左飞，再向右弯曲落向目标。(2)直线球(straight)。沿目标线飞行，一直往前落在目标区。这是最理想的飞行路线。(3)draw。开始向右飞再同左弯曲落向目标。

C. 杆面朝右。产生三条路线：(1)右曲球(slice)。先向目标飞再弯曲落到右边。(2)右推球(push)。向右击出的直线球。(3)右推右曲球(push slice)。先向右直飞再向右曲。

经过以上分类，我们发现。A 类球路的落点太左了，飞进左边树林。C 类球路的落点太右了，飞进右边树林。而 B 类正是我们想要的球路。也就是说只要击球时杆面正对目标，无论开始朝哪边飞，最终一定落到目标区(图 7-15)。

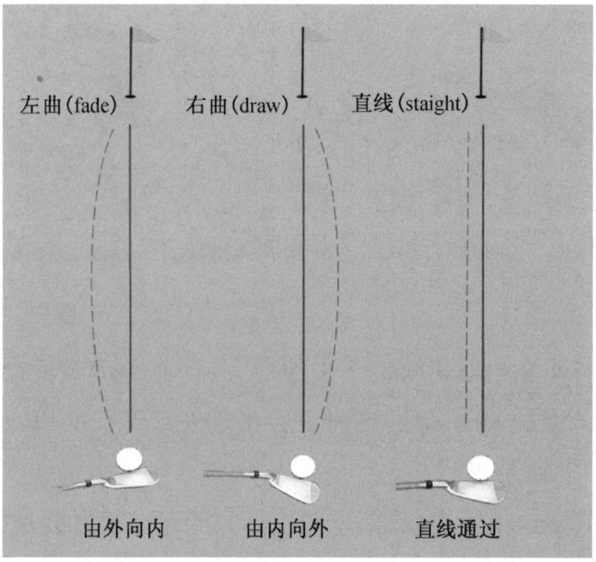

图 7-15

总之，击球时只要杆面方向在允许的误差内就一定是好球。

四、组织学生分组练习

1. 易犯错误(右旋球、左旋球、剃头球或打不到球)

右旋球：出现右旋球是因为融球时杆面打开，杆头从球上掠过，而无法将球平直击出，这样会使球向右飞出。你可能一直在朝着目标(如图 7-16 中 1 号杆)瞄准，可是杆头从球上擦过，运动方向过于偏左(如图 7-16 中 2 号杆)。

产生右旋球的个主要原因就是上杆时转身太快，造成击球时杆面难以保持平直。试验下面的方法，能让你转身慢点。在地上放一根球杆，去杆指向目标方向。在球杆前站好(如图 7-17)，伸出左臂握住 1 号木杆的握把，这时杆头应该在球杆的另一边。右手再握住另一根球杆，就像击球时那样。慢慢挥动右手的球杆，穿过身体和地上球杆之间的空隙处。同时左手不要离开球杆的握把。这个练习有助于降低挥杆时肩膀转动的速度，能保证击球时杆面平直，减少杆头从球上掠过的可能。

图 7-16

图 7-17

左旋球：如果杆头在击球瞬间处于手的前方，杆面触球时就会关闭，或是挥杆路径虽然是从内到外，但是太过靠外，这时就会出现左旋球。所以，你的目标是确保挥杆路径为从内到中再到外(图 7-18)。

如果你打出右飞球，或者左旋球，证明下杆时的路径很可能是由内到外的而不是从内到中再到外的。如果杆面保持平直，就会出现右飞球。如果你试着用手调整球杆的位置，可能会导致击球时杆面翻转，形成左旋球。可以从练习场地上拿只桶来矫正挥杆路径(图 7-19)。把桶放在你靠后的那只脚的后方，使桶位于你和球中间。然后进行挥杆练习，努力在下杆时不碰到桶。

图 7-18

图 7-19

腾空球(Dop-ups)或剃头球：击球后，如果球径直腾空飞起，就叫做腾空球(Dop-ups)或剃头球，证明杆面与球的夹角太小，杆面打开得太大了。你很可能是把球杆挥到高空，然后径直下杆击球，才使夹角太锐利。解决方法就是击球时让夹角变得大一些，钝一些，保持杆面平直，应该按照 U 字形路径挥杆(图 7-20)，而不是 V 字形(图 7-21)。

图 7-20

图 7-21

2. 练习中体会七铁要领

(1) 转身与挥臂要同步。

(2) 击球时想着锄草动作。

(3) 挥杆时想象拉弓箭射箭。

(4) 起杆速度要慢下杆要流畅。

(5) 保持良好的挥杆节奏。

(6) “永不抬头”“死不抬头”。

五、课后任务

1. 课外练习：复习、提高 7 号铁杆(起杆、上杆、顶点、下杆、击球、收杆)基本技术。

2. 思考题：如何在挥杆各个阶段保持良好平衡？

第 8 课

教学“弹道、左曲、右曲”等概念

◇ 教学任务

一、体能训练(20 分钟)

二、复习上一课要点(20 分钟)

三、教学“弹道、左曲、右曲”等概念(20 分钟)

四、组织学生分组练习(20 分钟)

五、课后任务(10 分钟)

◇ 注意事项

遵守练习场地安全条例，每个打位限一名练习者，垂直进出打位，练习者在练习时，观摩者应站在安全区内。练习者在击球和练习挥杆时，应确认周围安全无误。

◇ 组织教法

先讲解示范然后根据练习场地情况和上课人数安排练习，一般分三组循环练习，一组在练习场，二组在打击笼。根据学生练习情况进行纠错和指导。

一、体能训练

1. 准备活动(4×8)

(1) 振臂运动；　(2) 扩胸运动；　(3) 体转运动；　(4) 俯背运动；

（5）体绕环运动；　（6）正压腿运动；　（7）侧压腿运动；　（8）膝绕环运动；（9）腕关节、踝关节运动。

2. 考试

50 米测试（要求：学生两人一组，每人跑两次，计最好成绩）。

二、复习第 7 课要点

1. 牢记击球定律

即飞行原理、击球原理和挥杆原理三者之间的关系。同时还要练习一些对击球有帮助的想像，找到正确感觉达到完美击球。对大多数球友来说，用木杆开球后，希望球飞出去落在球道上、并有较远的距离，也就是：直和远。对攻果岭用的铁杆而言，球击出去后，不但方向好，距离也要刚好到达旗杆，离洞口越近越好。也就是：直和准。如果经过果岭较快还要会打停球。如果击球线上遇到障碍，我们还需要打变化球脱困，如高球、低球、左曲球和右曲球。为了获得如上所述的最佳落点和最远击球距离，必须牢记以下击球定律：

（1）击球时的杆面方向（face）。一般说来，击球时杆面朝向哪里，球的落点就会在哪里。这是决定方向的最根本要素（图 8-1）。

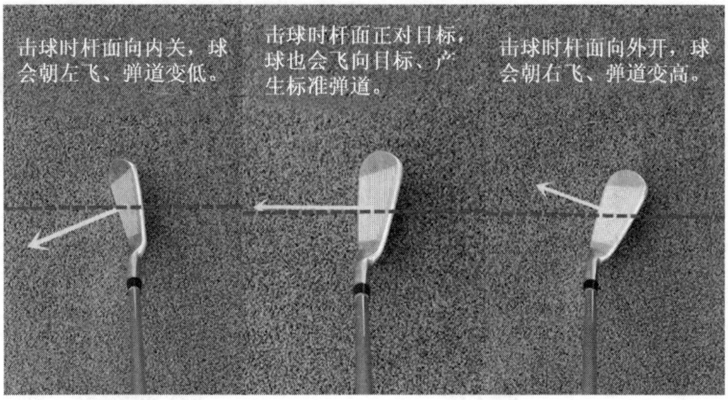

图 8-1

（2）击球时的杆头路线（path）。击球时杆头的运行路线有三种：从里面打向外面（inside-out）；从外面打向里面（outside-in）；直线通过（along the target line）。它们决定球的初时方向（图 8-2）。

（3）击球点（point）。击球时杆面与球的接触点。如果以杆面中心（sweetpoint）击球会获得较远距离，否则会损失距离（图 8-3）。

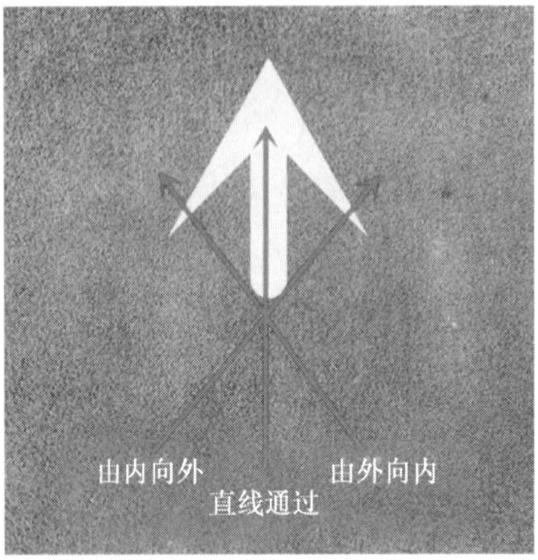

图 8-2

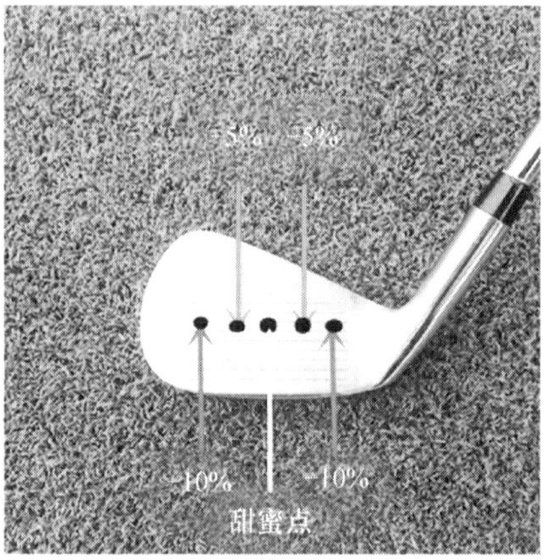

图 8-3

(4) 击球角度(angle)。击球时杆头轨迹与地面形成的角度。理想的击球状况为:中、短铁杆向下运动时击中球;长铁杆、球道木杆与地面平行时击球;1 号木杆杆头向上运动时击球(图 8-4)。

(5) 杆头速度(speed)。如果杆头质量为 M1,击球时杆头速度为 V1,球的质量为 M2,初速度为 V2。根据动量守恒定律,M1V1=M2V2。公式中 M1 和 M2 在击球前后是不变的,因此,杆头速度与球的初速度成正比。也就是说杆头速度越大击球越远(图 8-5)以上五要素中(3)(4)(5)决定距离,(1)和(2)决定飞行路线和落点。

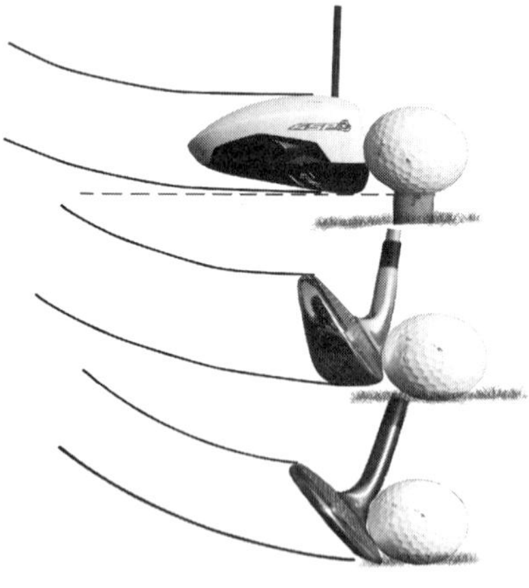

图 8-4

图 8-5

2. 提升球技的总结

通过观看击球后高尔夫球的飞行(即使这个球非常糟糕),你也能推断出其背后的原因。从本质上说,挥杆轨迹决定球飞行的初始方向,挥杆轨迹中的杆面角度决定球的侧旋,或球的飞行曲度。以典型大右曲为例:如果球从目标左侧出发,我们可以判断出该球员的挥杆轨迹是从外侧下杆，再拉向目标的左侧。为了让球能飞回右侧，去往右侧方向的侧旋必须已经产生。那么在挥杆运行中，杆面打开的这种情况通常能制造这种侧旋。需要特别注意的是，杆面可能已经正对于目标线，但相对于挥杆路径而言是开放的。

3. 检查打痕

对于大部分铁杆击球，地面的草皮上都会有一块打痕，它能立即反馈出你的挥杆轨迹。如果打痕指向目标的左侧，说明你正挥向目标的左侧。相反，如果你的打痕指向目标的右侧，说明你正挥向目标的右侧。想获得方正的打痕，就得顺着目标线挥杆击球。

4. 考虑杆面倾角

对于大多数球手而言，短铁比长铁更容易击出直线球。无论是什么样的杆面开闭角度，杆面倾角较小的长铁比杆面倾角较大的短铁更容易击出侧旋。那么对于杆面倾角较小的长杆而言，拥有精准的杆面角度是保险因素。短铁的球路一般比较直，且往往能保持出球的方向，那么使用这些球杆击球时，保险因素在于挥杆轨迹，即让球能从正确的线路始发。在所有的球杆中，你每支杆取得的进步不同，挥杆轨迹与杆面角度的重要性也略有不同。

三、教学“弹道、左曲、右曲”等概念

1. 弹道

弹道是由杆面击球时的有效倾角决定的，一般说来球杆的倾角越大，弹道越高，距离越近。杆头的运行路线和击球时杆面方向不一致而使球产生侧旋，根据空气动力学原理会使球产生弯曲。球飞行的路线轨迹可分为九种，直线球、左飞球、右飞球、直线右曲球、直线左曲球、左飞左曲球、右飞右曲球、左飞右曲球和右飞左曲球。

图 8-6

2. 左曲球

起飞后在空中的轨迹是从右向左的球称为“左曲球”。打左曲球要求你转动双脚，使身体向目标右侧倾斜。这种站

姿在挥杆时的力是由内而外，通过影响球的旋转使球的走向最终弯向左边（图8-6）。

3. 右曲球

起飞后在空中的轨迹是从左向右的球称为“右曲球”。打右曲球要求你转动双脚，使身体向目标左侧倾斜。这种站姿在挥杆时的力是由外而内，通过影响球的旋转使球的走向最终弯向右边（图8-7）。并不是说左曲右曲不是好球，其中，直线球，左飞右曲球和右飞左曲球是相对正确的击球方式，其他都是错误的。现在很多职业球员都是采用左飞右曲球和右飞左曲球打球，后者更为常见，也就是常常听说的小左曲，因为这两种击球方式能够在到达目标地点的同时还能有效避开障碍物。一般来说，杆面的开和闭影响的是击球方向，也就是说，杆面方向决定出球方向，杆面打开击球，自然是右飞球，反之，闭合击球自然是左飞球。而决定左曲右曲的是挥杆路径，具体说来就是你杆面击球时产生的侧力，它是决定小球产生旋转出现曲线运动的主要因素。很多人刚开始学打球的时候很容易右曲，主要一个原因就是outside in，也就是说挥杆路径是由外向里的，那是因为过多地依赖手部去打球，或者转身太快，这时候只要保证挥杆路径正确，手随身体运动就行了。左曲的话相反就是inside out，或者下杆太快。

图8-7

左曲右曲其实不是很大问题，只要多多练习就行，熟练掌握挥杆路径，之后就能指哪打哪。平时练习还是尽量对着镜子比照动作，球求精不求多，重质量不重数量。

四、组织学生分组练习

1. 上杆

挥杆至最高点时，你的左手手腕应该放平，左手和前臂成条直线。如果左手手腕和前臂之间有任何的弯曲，杆面在触球时就会打开或闭合。要感觉到左手手背和前臂前面放了一把尺子这种感觉。

如果上杆到位，右手肘应指向地面弯曲，但这需要较好的身体柔韧度。反之，肘部则可能指向身体后侧方。“悬起右肘”的方式并不被推荐。

一般情况下，右手肘和身体间留有空隙。如果手肘太过贴紧胸口会使挥杆缺乏力量，影响触球效果。且挥杆时外翻速度太快易产生击地球或削顶球(图 8-8)。

2. 下杆

由于下杆直接影响击球，因此显得更为重要。下杆就是要使上杆时在手腕处拧上的劲在球杆返回放球位置时释放(图 8-9)。下杆时，身体重心应该开始向身体左侧移动。臀部向左转，皮带扣转向球，双肩和双臂要配合着转动。

图 8-8

图 8-9

3. 击球

击球一刹那应使头部保持在球杆后面。左臂、左肩和球杆与球几乎成一条直线。右脚内侧不能离地，臀部和皮带扣应该转向目标，身体重心大部分在左腿上(图 8-10)。

4. 送杆

击球后，球杆应指向目标方向。右脚跟离地，整条左腿前倾。右手手腕应比左手手腕更靠近目标方向。送杆送到一半时，右手应与臀部一样高。做这个动作时，如同准备同右前方的人握手(图 8-11)。

图 8-10

图 8-11

5. 收杆

收杆时，身体重心全部落在左脚跟。右肩比左肩低，杆身位于颈部右后侧。右脚跟离地，整个鞋底露在外面，只有脚尖踩在地面上。同时，皮带扣应朝目标方向。身体柔韧度的差异会使动作略有区别，柔韧度好的人皮带扣靠左一些，反之靠右一些（图 8-12）。收杆时保持平衡对于挥杆到位来说很关键。如果不能保持平衡，你就无法在重复挥杆动作时保持前后一致。刚开始学球时，可能会感到收杆动作做起来不舒服，但随着不断练习，身体会渐渐习惯重心的移动。

图 8-12

五、课后任务

1. 课外练习：复习 7 号铁杆基本技术。
2. 思考题：你想要达到怎样的击球效果？怎样的击球是好球？

第 9 课

7 号铁杆和推杆技能考核

教学任务

一、体能训练(20 分钟)

二、7 号铁杆击球的基本技能考核(30 分钟)

三、推杆击球的基本技能考核(30 分钟)

四、课后任务(10 分钟)

注意事项

遵守练习场地安全条例,每个打位限一名练习者,垂直进出打位,练习者在练习时,观摩者应站在安全区内。练习者在击球和练习挥杆时,应确认周围安全无误。

组织教法

根据练习场地情况和上课人数安排练习,一般分三组循环练习,一组在练习场,二组在打击笼。练习场每人练习击打十五颗球然后换下组,教师对存在错误动作的学生进行纠正,每次指出 1～2 个错误动作进行改正,不要太多学生消化不了,也可降低练习难度,把球放在 Tee 上击打。

一、体能训练

1. 准备活动

(1) 弓步移动:首先,左膝跪地,右腿向身前跨出,保持右膝弯曲。收腹挺胸,背部垂直。同时，双手置于前侧膝盖上。向前弓步移动身体，左右交替练习。重复这一伸展动作 10 次(图 9-1)。

图 9-1

(2) 仰卧转髋运动：平躺于地面，双膝立起，让双脚间距宽于髋部宽度。将双膝压向一侧同时吸气，然后呼气，直到双腿回到原来位置。左右交替练习 10 次，注意呼吸节奏(图 9-2)。

图 9-2

(3) 转体运动：右膝单膝跪地并将右手放在左膝外侧，向左侧充分转动上身。保持静止后进行 7 次深呼吸。静止后可将双手握在一起，右臂后部放在左膝上。左肩尽量向左后方转动，静止后进行 7 次深呼吸。左右交替练习（图 9-3）。

图 9-3

(4) 平衡支撑：俯撑后并拢双腿，充分拉伸脊柱。保持此姿势，并做 10 次深呼吸，结束后放松，重复练习(图 9-4)。

图 9-4

2. 力量练习(教师根据情况选择)

(1) 臂部:静力性后抬臂,保持静止姿势 8～10 秒钟或稍长时间,共 10 次。

(2) 静力性屈腕,保持静止姿势 8～10 秒钟或稍长时间,共 10 次。

(3) 腰腹:侧面支架式支撑,每次保持 20 秒,左右各两组。

3. 耐力练习

男生:1 200 米全程跑;女生:1 000 米全程跑。

要求:耐力跑时合理分配速度,保证一定的强度跑完全程,注意克服耐力跑中出现的“极点”和疲劳感。

二、7 号铁杆击球的基本技能考核

1. 考试要点

从瞄球、握杆、站姿、站位、身躯、球位、挥杆等动作进行技评,也可以进行视频录像,通过视频来分析 7 号铁全挥杆动作进行打分(图 9-5,图 9-6)。

(a) 击球准备　　(b) 起杆位置

图 9-5　7 号铁杆击球准备

(a) 上杆位置

(b) 顶点位置

(c) 下杆位置

(d) 释放位置

(e) 击球位置

(f) 送杆位置

(g) 前挥位置

(h) 收杆位置

图 9-6　7 号铁杆基本技能

2. 考试(7号铁杆)

7号铁杆的考试内容及标准:

根据完成7号铁杆全挥杆技术考试基础上,男生达到75码以上,女生达到50码以上的距离且球的落点在球道区域内。

三、推杆击球的基本技能考核

1. 考试要点

(1) 总结高尔夫推杆技术中三大元素(握杆、站姿、瞄准)的技术要领(图9-7)。

图9-7

(2) 突出在推杆的过程中钟摆原理的使用。

(3) 完成推杆击球的基本技能考核,提高学生对高尔夫球运动的兴趣。

2. 推杆考试

推杆的考试标准:(在1.5米外推杆5次)

进球数	5	4	3	2	1
得　分	10	8	6	4	2

四、课后任务

1. 课外练习:7 号铁杆练习 30 分钟,上网查阅并预习 1 号木杆基本技术。
2. 思考题:木杆和短铁杆的打法中,球位的放置有什么区别吗?

第 10 课 学习 1 号木杆击球基本技术(一、二)

教学任务

一、体能训练(20 分钟)
二、学习 1 号木杆击球基本技术(一)(30 分钟)
三、学习 1 号木杆击球基本技术(二)(30 分钟)
四、本课总结和课后任务要求(10 分钟)

注意事项

遵守练习场地安全条例,每个打位限一位练习者,垂直进出打位,练习者在练习时,观摩者应站在安全区内。练习者在击球和练习挥杆时,应确认周围安全无误。

组织教法

根据练习场地情况和上课人数安排练习,一般分三组循环练习,一组在练习场,二组在打击笼。练习场每人练习击打 15 颗球然后换下组,教师对存在错误动作的学生进行纠正,每次指出 1~2 个错误动作进行改正,不要太多,学生消化不了,也可降低练习难度,把球放在 Tee 上击打。

一、体能训练

1. 准备活动

(1) 椅式下蹲:如图 10-1 所示,双手握杆上举至头顶并下蹲,就像要往椅子上坐。当呼气时,直立还原,重复练习。

图 10-1

(2) 燕式平衡:双手握杆至头顶,身体前倾呈燕式平衡,左右腿交换练习(图 10-2)。

图 10-2

(3) 体转运动:将球杆横置在胸前成预备姿势,髋部扭转。向右侧转动时吸气,转回时呼气。左右交替,重复练习(图 10-3)。

图 10-3

2. 力量练习

(1) 上肢:抗阻力臂屈伸 30 次×2。

(2) 腰腹综合:平板支撑,每次保持 20 秒,共 4 组。

要求:力量练习要求同上。

3. 耐力练习

男生 1 000 米,女生 800 米。

要求:计时完成耐力练习,学生自我评估耐力水平。

二、学习 1 号木杆击球基本技术(一)

1. 介绍 1 号木杆:(图 10-4)

(1) 杆身 Shaft。

(2) 杆颈 Neck。

(3) 跟部 Heel。

(4) 杆面 Face。

(5) 地部 Sole。

(6) 趾部 Toe。

(7) 顶部 Crown。

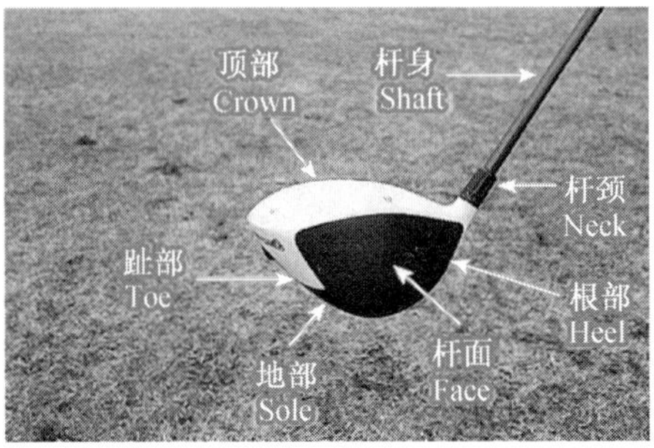

图 10-4

2. 1 号木杆击球基本技术

(1) 站位:使用铁杆的时候,将球放置身前两脚中间偏左的地方(图 10-5),球离脚尖 15.3 英寸(图 10-6),脊椎呈中立状态,双脚应该比肩部的宽度稍窄,双臂自然下垂,位于高尔夫球的前半部分。而使用 1 号木杆时,将球放置在左足踵内侧与身体垂直连线上(图 10-7),右脚应该向后移动,倾斜脊椎,使其距离目标更远,并将你的双手放在球体后部的上空(图 10-8),球离脚尖约 25 英寸处,木杆与地面角度为 56°(图 10-5)。

图 10-5

图 10-6

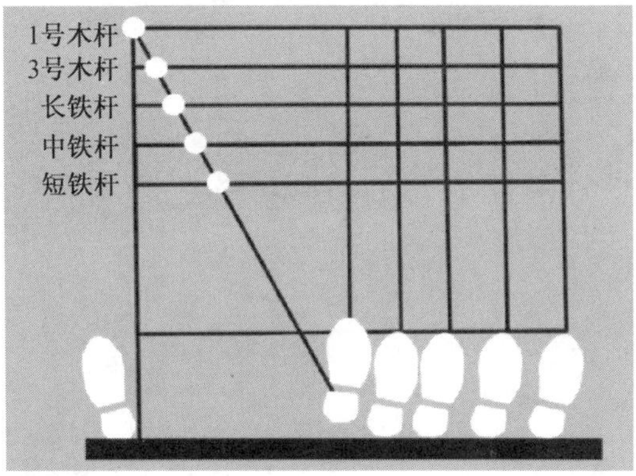

图 10-7

图 10-8

(2) 上杆:双手握杆,左臂伸直向右推送上杆,随着球杆向上,双手朝着右臀部移动,手腕处用的力量逐步加大,球杆与右臂成 45°角,同时,身体重心移到右脚(图 10-9)。球杆达到顶点时,杆身大致与地面平行(柔韧性差的人,上杆杆身接近平行即可),左臂始终伸直,左肩在球的后面,球杆指向基本与目标方向一致(图 10-10)。

(3) 下杆:下杆时,眼睛看球不抬头,球杆末端沿着目标线内侧轨迹朝着球向下运动。身体重心开始移到左脚(图 10-11)。

上杆

图 10-9

上杆顶点

图 10-10

下杆

图 10-11

(4) 击球:击球的瞬间保持住头部姿势,左臂、左肩、球杆和球成一条直线,右脚内侧不得离地,臀部和皮带扣转向目标方向(图 10-12,图 10-13)。

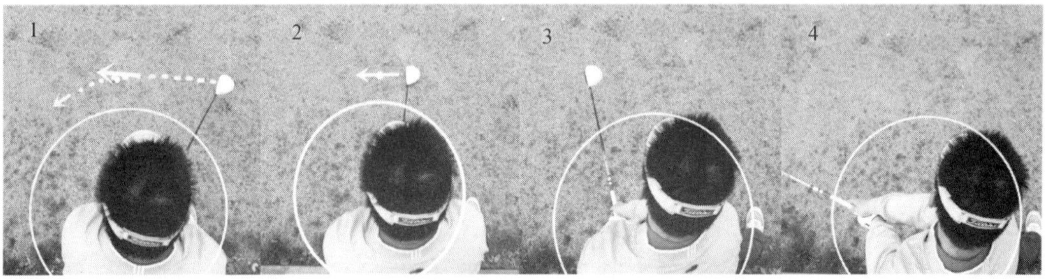

图 10-12

(5) 送杆:击球之后,球杆继续指向目标方向,右脚跟离地,右手腕绕过左手腕(图 10-14)。

击球

图 10-13

送杆

图 10-14

收杆

图 10-15

(6) 收杆:收杆时身体重心全部落在左脚上,右肩比左肩低,与开始挥杆一样杆身位于颈部右后侧。右脚脚尖点地。身体面向目标方向(图 10-15)。

三、学习 1 号木杆击球基本技术(二)

1. 技术重点

杆头必须从目标线内侧去触球,要求在通过触球区时球杆握把在杆头之前定位的时候,让握把位于杆头之前,在挥杆过程中保持这个位置关系,球杆的挥杆路线从内向外打出。总之,击球时杆头滞后——为正确,这样有利于杆头的能量释放,杆头超前——为错误(图 10-16)。

图 10-16

2. 练习步骤及注意事项

(1) 球放在 Tee 上,Tee 的高度(含球)应高出杆头上沿平面一半左右。太高的高度虽然容易打到球,但是击球距离和效果不理想。

(2) 架球之后,退到球后确定击球线路和目标,瞄准球前 10 码左右寻找一个参照点,利用三点一线理论进行瞄准。

(3) 2～3 次的空挥杆练习,注意空挥杆练习尽量离球远一些,以免触球,其主要目的是调整挥杆节奏、温习正确的挥杆感觉。

(4) 将杆头放在球后面,注意杆面离球不要太近,正确距离是离开半球,开始左手握杆,重点找到左手承受杆头重量的感觉,同时右手握杆。

(5) 由于 1 号木杆较长,站位身体应略高一些,腰背要挺直,双脚分开站立比肩稍宽,双腿的弯曲程度不能太大,感觉上一定是上松下紧的状态。

(6) 站好位后,最后检查双臂与身体的距离和位置,双臂与身体的距离应保持在杆尾与小腹一拳半的距离,不可太向前伸,同时双臂的位置要保持在身体中心线。

(7) 启动上杆,拧腰转肩带动手臂画弧线顺序,以防手臂的过早动作而形成举杆。

(8) 向后拉杆,切不可横向拉杆或者横向移动身体,向后拉杆的角度要保持在 65°左右,直至双肩转到 90°位置,此刻的身体重心应是在右脚内侧(图 10-12)。

(9) 上杆到顶点后,注意左臂从前胸与下巴处找到固定点并伸直,右臂摆正,不可形成横向的“鸡翅状”，小臂向下垂直于地面。

（10）上杆顶点后左腿的感觉应是扭曲拉紧的，过多的向内弯曲是错误的，此刻左脚脚后跟不可抬起，右腿尽量蹬直。

（11）下杆的启动要先腰后手，事实上双手释放的越晚越好，而此时的右手肘有向腰部冲击的感觉。

（12）右肘在腰部位置后，身体的转动很大，这个时候要保持杆头的推迟释放，相对而言，杆头释放的越晚击球时的力度越大，这样的击球距离也会越远。

（13）触球段双腿要加力蹬地，推腰和推胯的感觉要强，此刻头部的位置不可移动，随着击球时身体的动作，头部尽量向后拉，形成明显的“反弓型”，待击球动作完成后，再抬头看球。

（14）击球后，双手要尽量前送，不可立即向上拉杆，此时双臂是伸直的，双臂形成的三角状尽量延时，直到随着惯性扬上来后才可松开。

（15）最后是动作完成后的身体重心和稳定性，这在1号木杆击球中非常重要，击球后身体重心的转移是从右脚内侧到左脚内侧，而身体是永远的轴心。

3. 组织教法

一组为八人，分三组循环练习，根据学生练习情况进行纠错和指导(图10-17)。

图10-17

四、课后任务

1. 课外练习：复习1号木杆（起杆、上杆、顶点）基本技术。
2. 思考题：木杆与短铁杆击球点有什么区别？

第 11 课

5 号木杆击球基本技术

◇ 教学任务

一、体能训练(20 分钟)

二、复习 1 号木杆击球基本技术(30 分钟)

三、学习 5 号木杆击球基本技术(30 分钟)

四、课后任务(10 分钟)

◇ 注意事项

遵守练习场地安全条例,每个打位限一位练习者,垂直进出打位,练习者在练习时,观摩者应站在安全区内。练习者在击球和练习挥杆时,应确认周围安全无误。

◇ 组织教法

根据练习场地情况和上课人数安排练习,一般分三组循环练习,一组在练习场,二组在打击笼。练习场每人练习击打 15 颗球然后换下组,教师对存在错误动作的学生进行纠正,每次指出 1~2 个错误动作进行改正,不要太多学生消化不了,也可降低练习难度,把球放在 Tee 上击打。

一、体能训练

1. 准备活动

(1) 腹式呼吸:盘坐时掌心向上置于双膝,保持背部挺直;闭上双眼,缓慢吸气,感受腹部隆起，然后腹部收缩缓缓吐气，注意呼吸节奏，保持身体平稳（图 11-1）。

（2）推伸练习：分腿站立，背部挺直，十指相扣；呼气时双肩放松下沉，将掌心向胸前推出，保持深呼吸 10 次（图 11-2）。

图 11-1

图 11-2

（3）后背拉伸：分腿站立，背部挺直，双手在后背处上下握住杆的两端；每次呼气时，尽量将双手距离拉近，保持深呼吸 10 次；交换双手上下位置，做对称练习（图 11-3）。

（4）肩胛拉伸：分腿站立，背部挺直，右手扣住左手手肘；将手臂拉向胸前，并向后扭转，头与髋关节尽量靠近中立位，保持深呼吸 10 次；随后还原至中立位置，左右手交替练习（图 11-4）。

图 11-3

图 11-4

2. 力量练习

(1) 上肢:抗阻力臂屈伸 30 次×2。

(2) 腰腹综合:平板支撑,每次保持 20 秒×4。

要求:力量练习要求同上。

3. 耐力练习

男生 1 000 米,女生 800 米。

要求:计时完成耐力练习,学生自我评估耐力水平。

二、复习 1 号木杆击球的基本技术

1. 站姿

将球放置在左足踵内侧与身体垂直连线上(图 11-5),球离脚尖约 25 英寸处(图 11-6),倾斜脊椎,使其距离目标更远,并将你的双手放在球体后部的上空(图 11-5)。

2. 击球

身体脊椎倾斜,使其离开击球地点,形成向上的击球。击球时双手保持平直,用双手掌控握把,将力量导向球体,干净利落地击球(图 11-7)。

图 11-5

图 11-6

图 11-7

3. 挥杆的关键

下杆释放杆头的时候，臀部的转动幅度比肩部大，并释放积蓄的能量。下杆时开放臀部，球杆沿着正确的平面转动，并从球的内侧轻轻打击球体；开放臀部同时有助于脊椎在击球时保持正确的角度，促进身体重心转移，最终打出干净利落的球。

三、学习5号木杆击球的基本技术

1. 5号木杆与1号木杆的技术区别

(1) 在使用5号木杆时，其站姿比使用1号木杆时要窄一些，球的位置对准左腋，位于左足踵内侧线上（图11-8，图11-9），而铁杆的球位对准左耳（图11-10）；右足较1号木杆稍向左足方向移动，球放置垫子上或者短Tee上。

图11-8

图11-9

图11-10

(2) 上杆位置：上杆到顶点时球杆的位置与1号木杆略有不同，使用1号木杆时挥杆顶点的球杆基本与地面平行，杆头是指向时钟三点的位置，而使用5号木杆时，球杆与地面成一定角度，基本上是指向时钟二点位置。

2. 教学重点

挥杆时要注意保持流畅的节奏，不要用球杆头从上往下砸击球，而要以扫击球的感觉使杆头从球的位置快速扫过，使杆头的底面几乎贴着地面向球的飞行方向低而长地滑行。

3. 练习步骤及注意事项

(1) 两到三次的空挥杆练习，注意空挥杆时尽量离球远一些，以免触球，空挥杆的主要目的是调整挥杆节奏、温习正确的挥杆感觉。

(2) 站位要检查双臂与身体的距离和位置，双臂与身体的距离应保持在杆尾与小腹一拳半的距离，不可太向前伸，同时双臂的位置要保持在身体中心线。

(3) 向后拉杆，避免横向拉杆或者横向移动身体，向后拉杆的角度要保持在 65°左右，直至双肩转到 90°位置，此刻的身体重心应是在右脚内侧。

(4) 上杆到顶点后，注意左臂从前胸与下巴处找到固定点并伸直，右臂摆正，不可形成横向的“鸡翅状”，小臂向下垂直于地面。

(5) 下杆的启动要先腰后手，双手释放的越晚越好，右手肘有向腰部冲击的感觉。

(6) 右肘到达腰部位置后，身体的转动很大，这时要保持杆头的推迟释放，杆头释放的越晚击球时的力度越大，击球距离越远。

(7) 触球段双腿要加力蹬地，推腰和推胯的感觉要强，保持头部位置，随着击球时身体的动作，头部尽量向后拉，形成明显的“反弓型”，待击球动作完成后，再抬头看球。

(8) 击球后，双手要尽量前送，不可立即向上拉杆，此时双臂是伸直的，双臂形成的三角状尽量延时，直至惯性上扬后才可松开。

(9) 动作完成后的身体重心和稳定性，也是 5 号木杆击球的重点，击球后身体重心的转移是从右脚内侧到左脚内侧，而身体是永远的轴心。

4. 组织教法

一组为八人，分三组循环练习，根据学生练习情况进行纠错和指导(图 11-11)。

图 11-11

四、课后任务

1. 课外练习:复习 5 号木杆技术(30 分钟)观看视频及有关技术要领。
2. 思考题:5 号木杆与 1 号木杆的什么区别有哪些?

第 12 课

学习沙坑击球的基本技术(一、二)

教学任务

一、体能训练(30 分钟)

二、学习沙坑击球的基本技术(一)(20 分钟)

三、学习沙坑击球的基本技术(二)(20 分钟)

四、复习木杆与铁杆的基本握杆、站姿、瞄准和球位技术(10 分钟)

五、课后任务(10 分钟)

注意事项

遵守练习场地安全条例,每个打位限一名练习者,垂直进出打位,练习者在练习时,观摩者应站在安全区内。练习者在击球和练习挥杆时,应确认周围安全无误。

组织教法

根据练习场地情况和上课人数安排练习,一般分三组循环练习,一组在练习场,二组在打击笼。练习场每人练习击打十五颗球然后换下组,教师对存在错误动作的学生进行纠正,每次指出 1~2 个错误动作进行改正,不要太多,学生消化不了,也可降低练习难度,把球放在 Tee 上击打。

一、体能训练

1. 准备活动

(1) 俯身转体推杆:两倍肩宽分腿站立,背部挺直,双手握杆使杆身与双肩平行;

呼气时，向右俯身转体双手向前推出，背部挺直向前伸展，保持深呼吸 10 次后还原，如果双臂或背部无法向前伸直，可俯身转体后将杆垂直放于右侧地面，双手扶杆上方(图 12-1)。

图 12-1

(2) 交叉步侧身：右脚在左脚前方交叉站立，脚尖指向正前方，双手握杆上举到头顶并伸展，弯曲右膝同时向右弯腰，使左侧身体充分拉伸，深呼吸 10 次；还原后，左右交替练习(图 12-2)，如果太难可选择右图。

图 12-2

(3) 树式练习：勾左脚，将脚踝外侧放在右大腿上方，双手握杆使杆身与肩平行；

屈膝屈髋下蹲,手臂向前伸展与肩同高,深呼吸 10 次后两腿交换练习。还可将杆垂直放在地上,双手扶杆保持静止并深呼吸(图 12-3)。

(4) 半蹲转身:右手扶杆,双腿并拢站立,屈膝下蹲,身体前倾直到腹部贴到大腿,臀部与头部在同一高度;呼气,身体向右扭转,尽量将左手臂抵在右膝外侧,左手抓住杆的下端;调整一个呼吸,在下一个呼气时,借助右手向下按压球杆的力量,使右侧肩膀肋骨向扭转的方向上提,保持一分钟;原步骤还原后,换左手扶杆,做反方向扭转练习(图 12-4)。

图 12-3

图 12-4

2. 耐力练习

男生 1 000 米测试,女生 800 米测试。

要求:学生分组测试,注意安全。

二、学习沙坑击球的基本技术(一)

1. 技术要点

(1) 通过画线练习法挖出的小坑是指向目标或者稍稍偏左的。如果在线后方太远,那么球就可能仍然留在沙坑中(打厚)。如果在线前方太远入沙,那么将可能用球杆边缘击球,击出的球会快速滚过果岭,而不会停留在旗杆附近(图 12-5)。

(2) 进沙坑的时候要用两只脚来测试沙子的软硬程度,两只脚要踩得很结实才可以去打球。如果脚踩实之后陷下去比较深,就说明沙子较软;如果踩实之后脚陷下去比较浅,就说明沙子比较硬(图 12-6)。

图 12-5

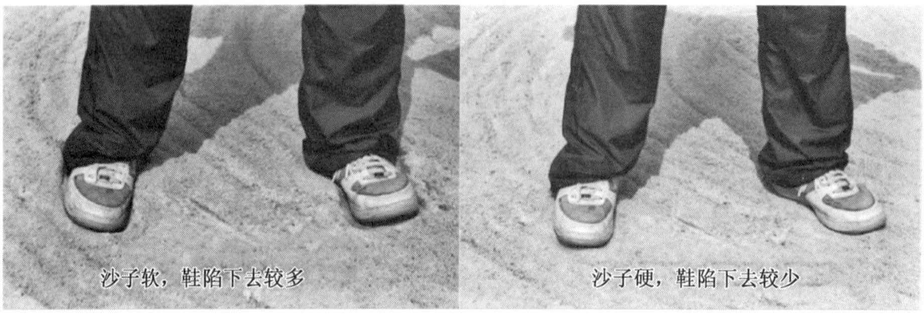

图 12-6

(3) 对于比较软的沙子，杆面要打得开一些；比较硬的沙子，杆面开放程度可稍小。选杆的时候要看距离，根据距离选择杆面倾角不同的球杆，一般情况下用沙坑杆就可以(图 12-7，图 12-8)。

图 12-7

图 12-8

(4) 杆面越开放,击球距离越近;杆面越关闭,击球距离越远(图 12-9,图 12-10)。

图 12-9

图 12-10

在沙坑打 20～30 码中等距离时,按照正常上杆即可;打相对近距离时,需要从外侧上杆(outside-in);打更远的距离时,正常的偏内侧上杆(inside-out)即可(图 12-11,图 12-12)。在果岭附近的沙坑中击球都是要先触到沙再触到球,触沙的位置在球后 2 厘米处。

图 12-11

图 12-12

2. 练习步骤

(1) 从较低一侧进入沙坑。

(2) 用杆柄画一条大约 5 步长的直线,使其与目标线垂直,直线距离球的位置大约 4 厘米。

(3) 双脚分跨直线两边,挥杆,尝试从画线处入沙(图 12-13,图 12-14)。

图 12-13

图 12-14

(4) 移动步子,在不同点挥杆,同样尝试从画线处入沙。

(5) 观察球杆是从何处入沙,又是从何处出来的,最后你应该让每一击都能够从画线处入沙。

3. 组织教法

一组八人、分三个果岭边的沙坑进行练习。

三、学习沙坑击球的基本技术(二)

当球深深陷入沙坑中时(俗称“荷包蛋”),只要熟知沙坑杆的基本姿势就可以将球成功救出,这种姿势与在球道上击打低弹道的砸击球的动作相似(图 12-15,图 12-16)。

图 12-15

图 12-16

1. 沙坑球的正面姿势击球方法

(1) 将球位置于身体中心右侧,身体重心置于左侧。用力握杆,并缓慢上杆形成曲腕。

(2) 上杆时固定下身,避免身体的晃动。在挥杆顶点时保持左臂伸直的状态。

(3) 下杆开始时左侧臀部稍微向目标方向移动。右肩下沉,引导强劲的击球。

(4) 右臂朝向目标方向伸直送杆。保持住送杆姿势,直至球落到果岭为止。

2. 沙坑球的侧面姿势击球方法(图 12-17)

5

6

7

8

图 12-17

小贴士：

沙坑杆的设计使它可以反弹，所以许多业余选手遇到半埋球位时，使用劈起杆效果其实会更好。

(1) 身体朝目标方向稍微闭合。在稍微俯身的状态下持续引导上杆。保持右膝弯曲姿势进行上杆。在顶点动作时保持左臂的伸直状态。

(2) 陡直地引导下杆。用力击球，并保持住俯身的角度不变，并要把左脚固定住不要抬起。收杆时右肩保持下沉的状态。保持住送杆姿势，直至球落到果岭为止。

四、复习木杆与铁杆的基本握杆、站姿、瞄准和球位技术

重点强调高尔夫技术中的握杆、站姿、瞄准和球位的技术要领。

1. 握杆

用辅助器达到握杆力度适宜、握杆方法适宜、握杠姿势适宜(图 12-18)。

2. 站姿

使用不同的球杆双脚的宽度不同，双膝微屈、自髋部以上上体稍前倾、收腹提臀，双臂双肩自然放松、按自己适合的方式握杆，根据不同的球杆将球放置与双脚之间不同的位置(图 12-19)。

图 12-18

图 12-19

3. 瞄准

目标线的选择，杆面瞄准，身体对准(图 12-20)。

4. 球位

从短杆到长杆的不同球位(图 12-21)。

图 12-20

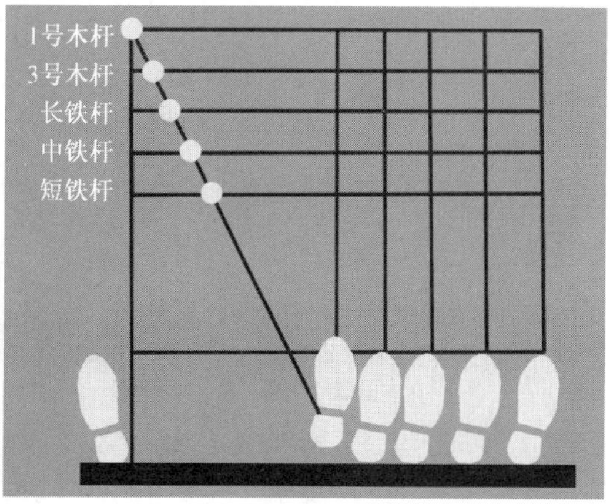

图 12-21

五、课后任务

1. 课外练习:复习沙坑击球基本技术,上网查阅有关沙坑击球基本技术视频和有关动作要领。

2. 思考题:在软沙坑和硬沙坑中击打球的杆面有什么不同?击球远度和杆面又有何不同?

第 13 课

学习切球切上果岭技术

◇ 教学任务

一、体能训练(20 分钟)

二、复习沙坑击球的基本技术要点(30 分钟)

三、学习切球切上果岭技术(30 分钟)

四、课后任务(10 分钟)

◇ 注意事项

遵守练习场地安全条例,每个打位限一名练习者,垂直进出打位,练习者在练习时,观摩者应站在安全区内。练习者在击球和练习挥杆时,应确认周围安全无误。

◇ 组织教法

根据练习场地情况和上课人数安排练习,一般分三组循环练习,一组在练习场,二组在打击笼。练习场每人练习击打十五颗球然后换下组,教师对存在错误动作的学生进行纠正,每次指出 1~2 个错误动作进行改正,不要太多,学生消化不了,也可降低练习难度,把球放在 Tee 上击打。

一、体能训练

1. 准备活动(4×8)

(1) 仰头挺胸; (2) 头颈部侧屈; (3) 扩胸展臂; (4) 双臂拉引;

(5) 体转运动；　　(6) 腹背运动；　　(7) 钟摆运动。

2. 体能训练(身体素质的补测)

要点：

① 简要讲解测试要求及方法。

② 测试项目包括 50 米、立定跳远、男 1 000 米或女 800 米。

③ 学生分组测试，注意安全。

二、复习沙坑击球技术

1. 沙坑击球技术要领

(1) 身体对准目标左侧呈开式站姿，身体大部分重量放在左脚，双脚用力扭动碾入沙中，稳固站位。

(2) 球位在双脚中间偏左，杆面打开瞄准目标。

(3) 稍握短球杆，瞄准球后一至二英寸的地方打。

(4) 挥杆过程类似打高抛球，上杆时尽早弯曲手腕，杆身较直立，下杆时以从外到内路径挥杆，将球和沙一起抛上果岭(图 13-1，图 13-2)。

图 13-1

图 13-2

2. 教学要点

(1) 打开双脚、臀部、肩膀和杆面。

(2) 右手挥杆感觉沙子飞溅。

(3) 倾听好的沙坑球声音。

(4) 在沙上画线指引挥杆路径。

(5) 让击球注意力集中。

三、学习切球上果岭技术

切球上果岭是指果岭边缘飞行高度较低的击球，球手们通过使用不同的球杆来控制小球滚动的距离，使小球最终落在洞口附近，并一推进洞。

1. 切球上果岭的技术方法

(1) 首先是握杆，可以按照基本握杆，也可以是反塔式握杆。

(2) 开放式站位。

(3) 重心在身体的左侧。

(4) 上杆击球时，手臂、手腕、球杆保持一体，不能弯曲，用肩部转动，两臂打直，杆面尽量开放(图 13-3)。

图 13-3

2. 组织教法

教学比赛 8 人一组，分三个果岭进行练习。每人拿一个球放在果岭边缘，依次往果岭上切起，第一杆完成后，看谁的球离球洞最近，以离球洞最近的球为目标，换成推杆，依次向果岭球洞推击，看谁先入洞，杆数少为胜者，杆数多为负者。每个果岭洞完成后，互换场地再进行练习。

3. 注意点

(1) 练习前,先检查球位,在任何一次击球之前,特别是在靠近球洞的位置,首先应该做的就是评估球位。

(2) 如果球在一块蓬松的草坪上和在一块干裂的土地上,那么处理方法是完全不同的,球的位置越好,控制起来就越容易。

(3) 如果你的球位很复杂,就要认真考虑击球的方式,不要操之过急,否则可能发现打完这一球之后自己仍然面对同样的困境。

4. 实用练习方法介绍

(1) 选择一个 20 码到 30 码距离的切击,做好正常的切击站姿,球位居中,重心位于身体左侧,杆身倾向目标方向。

(2) 右手单握杆,做空挥杆练习,然后击球。

(3) 杆头处于击球点位置时,杆柄保持在球的前方,避免右手手腕挑起,收杆时,杆身指向地面,而不是指向天空。

(4) 用单手握杆击球十次,然后双手正常握杆击球,比较两次击球差别,始终感觉到用一只手切杆,左手不要施加多余力量。

(5) 将一些球放在果岭周围的指定地点,轮流用切球技术将球切上果岭,尝试在果岭周围不同的球位进行(图 13-4)。

图 13-4

5. 切杆技术重点

(1) 在挥杆的过程中保持手腕和手肘是直的。

（2）在起杆的时候，球杆轨迹轻轻向身体内侧靠拢。

（3）下杆时手和手腕紧密连在一起。

（4）送杆后手腕伸直，身体正对目标。

（5）几种靠近果岭的方法。

① 当球位不好时，不宜打旋转球，可使用推送击球，使球滚动更远。

② 想象球的着落位置以及球的滚动距离，从长草区和球道上挥杆，适应不同的球位。

③ 握杆的高度要比正常的位置略低些，这样才会打出干净的"更薄"的击球。

四、课后任务

1. 课外练习：在网上收看并了解切杆技术。

2. 思考题：什么情况下使用切杆？

第 14 课

下 场 热 身

教学任务

一、下场热身(20 分钟)

二、下场三杆洞练习(60 分钟)

三、课后任务(10 分钟)

注意事项

遵守练习场地安全条例,每个打位限一名练习者,垂直进出打位,练习者在练习时,观摩者应站在安全区内。练习者在击球和练习挥杆时,应确认周围安全无误。

组织教法

1. 讲解考试方法及原则。按学号顺序进行考核练习。

2. 学生分三组轮换下场,一组先下场,其他二组练习击球,每人 5 球×2 组。

3. 针对练习过程中,存在的技术问题进行纠错和指导。

一、下场热身

1. 准备活动

(1) 体转运动:从肩膀后面握住球杆,让身体向右转模拟上杆动作,然后再转向左侧,就像下杆和送杆的姿势,借由肌肉的松紧变化,使肩膀和腰部逐渐放松。

(2) 体侧运动:两臂高举过头部,双手握住球杆的两端,缓慢向左侧屈,左右交替练习。

(3) 腹背运动:两手握住杆身、手臂伸直、指尖朝下,从腰部开始下弯,缓慢降低球杆高度，保持直膝，还原后重复练习。

(4) 背部伸展：身体直立，双手握住球杆，高举到头部后方，身体后仰，稍停留后还原。

2. 了解下场前的准备工作

(1) 进入球场将球具交给球童送至球具室，并在球包上挂上自己的名牌或签上姓名，避免球包遗失，使出发站处理球包的程序更加顺利。

(2) 在更衣室内更换好衣服和鞋子。

(3) 按照事先约定的时间，提前半小时到达场地，不要迟到，以免影响出发站安排的时间表。

(4) 检查球具是否齐全。

(5) 将个人贵重物品存放在更衣箱内，避免失窃的危险。

二、下场3杆洞练习

1. 了解各种球杆的使用

(1) 1号木杆是最长的，通常也是杆头最大的。使用恰当的情况下，它们的击球距离最远。1号木杆一般总是用来在球座上发球，依据长度、杆头大小和倾角(Loft)的大小有不同类型。一般来说，男球手适合的倾角为9.5°到12.0°，女球手为12.0°到15.5°。杆面越大越容易击中球(图14-1)。

(2) 球道木杆的外观和1号木杆相似——主要的区别在于杆头的大小(球道木杆杆头比较小)和杆面的倾角(球道木杆倾角更大)。球道木杆命名的依据是杆面的倾角角度，有2号木杆、3号木杆、4号木杆、5号木杆、7号木杆和9号木杆(图14-2)。号码越大，杆面斜度越大，击球后的运动路线就会越高，距离越短。

图14-1

图14-2

(3) 铁杆根据不同的杆面斜度按升序排列(1 到 9 号),长度各异。斜度越大的铁杆,击球的距离越近。铁杆的杆头包括以下几个种类(图 14-3)。

图 14-3

① 锻造杆头(Forged):由整块金属打造而成,由于制作工艺复杂,锻造杆头的价格往往最高。

② 浇注杆头(Cast):通过将液态金属倒入杆头模具中制作而成,形状多种多样。

③ 杆面后移杆头(Offset):杆面后移指的是杆身与杆头连接处与杆头击球面之间的距离较远,其杆头前缘在插鞘稍靠后的位置。这种球杆适合初学者,有助于在击球时保持正确的手位,矫正杆面。

④ 背部凹腔式杆头(Cavity-back):这种铁杆紧贴着杆面后背的地方挖有凹腔,增加了周边配重。多出来的重量使甜蜜点(SweetSpot)增大,增加了偏离中心时的击球命中率。

(4) 挖起杆:挖起杆的杆面斜度最大(图 14-4)。无论是在球道上,还是在长草区、沙坑中,向果岭近距离击球都需要用到挖起杆。由于杆面倾角大,用挖起杆击球时球能够飞得更高,而且其独特的触球角度能够使球的旋转更到位。一套挖起杆包括杆面倾角依次增大的劈起杆(或称楔形挖起杆,Pitching Wedge)、中继挖起杆(Gap Wedge)、沙坑挖起杆(Sand Wedge)和高抛挖起杆(Lob Wedge)。击球正确的前提下,杆面倾斜度决定了球起飞时的高度,斜度越大球飞得越高。标准的楔形挖起杆杆面倾角为 48°,沙坑挖起杆为 54°到 57°。随着控球技术的成熟,可以考虑添置更多倾角不同的挖起杆(52°, 56°, 58°或 60°),以满足击出特定码数的需要(图 14-5)。

图 14-4

图 14-5

(5) 推杆：高尔夫球运动的目的就是把球送进洞里。不同推杆的大小和形状千变万化，最重要的是选择一款用起来感觉最舒服的推杆。推杆包括以下几种类型(图14-6)。

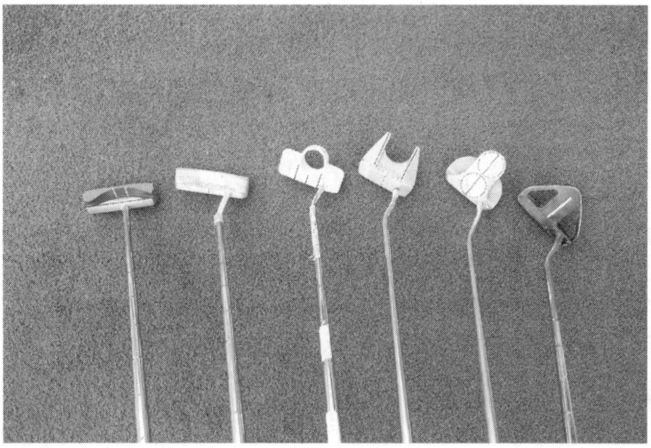

图 14-6

① 斯科蒂-卡梅伦"回转"(Scotty Cameron Detour)：这种推杆包含一些视觉元素(比如杆面后面曲线形的延伸区域)，能够有助于形成独特的推球轨迹(内侧反推、直线推球、内侧推球)。

② 刀叶型(Blade)：这是标准型的推杆，特点是甜蜜点小，使得初学者用它击球时很难成功。

③ "未来"(Futura)：形似大头锤的这类球杆能使杆面受力分散开来，以保持推球过程中球杆的平衡。

④ 经典型(Classic)：这种推杆能够使你的目光保持在推球路线上方，且在球杆

跟部和球杆趾部处进行了增重设计，保证击球发力畅通、平衡。

⑤ 奥德赛双球(Odyssey Two Ball)：这种推杆的杆面背后有两个白色的高尔夫球形状的圆盘设计，有助于通过目测来定位触球点。

2. 下场打球的基本规则

(1) 高尔夫比赛是“按照规则”进行的，不能逾越规则进行击球。

(2) 必须使用高尔夫球杆击球，不能用脚踢球、用手扔球等。

(3) 完成一个洞的标志是“球进洞”，一旦球进洞，在这个洞随后发生的所有击球和罚杆都不予以计算。

(4) 不要站立在准备打球球员的打击线或飞行线上正前方范围内，这是最危险区域，容易给球打中，也会影响球员打球的专注和决心。

(5) 不要站立在打击线的正后方或球员正面的前方，这样会影响球员打球时的专注。

(6) 打球球员的正面右前方也是危险的位置，特别是新手球员，因为大部分新手打球容易打出右曲球和 shank 球(球向右方急转)。

(7) 站立时要注意光线做成的影子，不要影响到球员打球。

(8) 最安全和影响最小的站立位置是打球球员的右后方。站立的位置要与打球球员的位置保持一定的安全距离。

(9) 当球员准备打球时，不要发出任何声音或做出任何动作。

3. 提高下场击球技术的练习方法

(1) 经常转换击球目标。在高尔夫球场上很少有连续两次朝着相同目标的击球。练习中，可将每一杆都朝向不同目标进行练习，任何击球技术都可使用这个方法。

(2) 经常改变使用的球杆。完成一次下场需要使用多种球杆，练习中经常变换球杆进行练习会更接近下场的感觉。

(3) 巩固击球前的准备动作。大部分球员在球场上的击球准备动作和在练习场上的动作有很大差别，导致击球效果不理想。可把练习场想象成球场，用相同的准备动作，获得良好的节奏，打出和练习场一样的漂亮击球。

(4) 用一个球进行推杆练习。练习推杆时只使用一个球，认真全面阅读果岭，去创造一个和高尔夫球场最相似的环境。

4. 下场练习

组织教法：将学生分成 4 个人一组，依次从开球台出发，选用不同的球杆 7 号铁杆、切杆、S 杆、推杆等，以最少的杆数完成击球入洞(图 14-7)。

图14-7

三、课后任务

1. 课外练习:复习木杆、7号铁杆、切杆、S杆、推杆等技术动作。
2. 思考题:如何放松挥杆并完美释放?

第 15 课

下场进行 3 杆洞考试

◇ 教学任务

一、下场(或学校球场)进行 3 杆洞考试(80 分钟)

二、课后任务(10 分钟)

◇ 注意事项

1. 严格遵守下场打球基本规则和礼仪,注意自己和别人的安全。

2. 相互提醒、相互督促。

◇ 组织教法

可三人或四人为一组,共分六小组,每洞三组,按顺序进行比赛,3 洞轮换。

一、下场(或学校球场)进行 3 杆洞考试

1. 准备活动(在下场前可选择做以下活动)

(1) 站在高尔夫球车旁,把右脚踩在球车底板上,脚跟着地,脚尖翘起,臀部以上的部位前屈,弯向右脚趾。保持拉伸姿势 15 秒,左右交替练习(图 15-1)。

(2) 左手握住球杆一端,手心朝下。右手握住球杆另一端,手心朝上。球杆必须头朝上卡在右肩下。轻轻把左手向上抬,保持这一拉伸姿势 15 秒,左右交替练习(图 15-2)。

图 15-1

图 15-2

(3) 双手握住球杆,径直伸向前方,在胸部前方伸直球杆。双手尽量握住杆身下半部分,直到找到舒适的握点。上身慢慢右转转至极限位,然后回到正前方左右交替练习(图 15-3,图 15-4)。

图 15-3

图 15-4

2. 下场考试

(1) 简要讲解下场规则及礼仪。

① 遵守时间准时到达场地,不让同组球员等待。

② 穿着合适的服装下场打球。

③ 准备好简易的球包(里面备好所需的球杆、球梯、球等)。

④ 制作好记分卡。

⑤ 根据学生平时水平,编组考试,四人一组。

(2) 介绍杆数的计算。

① 只要是按照定义的“击球”就必须计算一杆,而不管有没有击到球。

② “罚杆”是因为球员违反了规则而付出的代价。罚杆记录总的杆数,而且罚杆不等于击球,罚杆就是罚杆。

(3) 球场上的安全。

① 当击球者在球场上作空挥杆练习前,一定要先注意球杆挥动所及范围内,是否有其他的球员或固定物,例如树木、椅子或标识牌等,以免造成人员危险或球具损坏。

② 无论在开球台还是球道上,当你在等待同组球友击球时,应注意自己所站立的位置是否会发生危险;或者干扰到击球者。最好站在球位的背后或者正对面较为合适。

③ 球场上随时保持警觉,当发现你的球友可能会危及场上其他人员安全时,一定要大声发出警告。

④ 球员有责任维持场上的击球速度,不得故意延误时间。当前一组球员将球开出后,就应该准备好击球。在场上做到“快走慢打”。

⑤ 在场上一旦发现球可能遗失,先打一颗暂定球,球员有 5 分钟的时间寻找遗失球,如果一时找不到球,仍要继续找下去的话,应当机立断,先请后一组通过。

⑥ 做好球场维护,修复发球区表面,捡起损坏的球梯,修补球道上打出的草痕,用沙耙平整好沙坑,修复好果岭的痕迹。

(4) 介绍考试方法及原则。

① 下场考核分技评和达标;技评根据学生下场打球过程中,文化、礼仪、球场规则、诚信度等完成情况,给予综合评定。达标指根据学生下场完成杆数的多少评定分数。

② 考试形式以四人为一组,男、女分组,计算个人完成的总杆数。

③ 考试分别用铁杆、切杆及推杆,其中完成杆数占 10 分。综合评定占 30 分。

评分表

分值	10 分	9~8 分	7~6 分	5 分
杆数(男女)	3	4~5	6~7	8

备注:因为学校场地与正式场地比较,有很大的差别,从开球台到上果岭大约 100

码左右，所以建议学生使用 P 杆和推杆进行考核。

二、课后任务

1. 课外练习：在网上收看一些职业高尔夫赛事。
2. 思考题：为什么说高尔夫是力学，更是心理学？

第 16 课

高尔夫规则

高尔夫规则
（一）
体育教学部

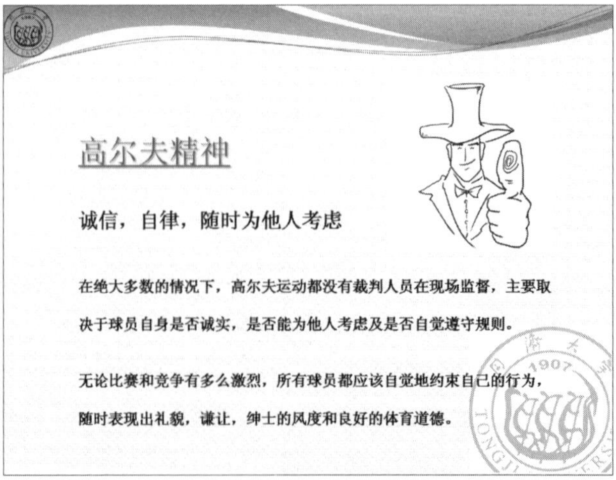

高尔夫精神
诚信，自律，随时为他人考虑
在绝大多数的情况下，高尔夫运动都没有裁判人员在现场监督，主要取决于球员自身是否诚实，是否能为他人考虑及是否自觉遵守规则。
无论比赛和竞争有多么激烈，所有球员都应该自觉地约束自己的行为，随时表现出礼貌，谦让，绅士的风度和良好的体育道德。

高尔夫规则总纲

Play the ball as it lies. Play the course as you find it. If you can't do either, do what is fair. But to do what is fair, you need to know the Rules of Golf

在球的现状下打球，在球场的现状下打球，如果两者都确实没法做到，按公平的原则处理，为了知道怎样做是公平的，就需要懂得高尔夫规则。

高尔夫规则的制定

由R&A Rules Ltd 和 United States Golf Association

(美国高尔夫协会) - 联合制定

每四年按实际情况和需要作出调整，解释或制定新的规则条例. 最近一次的修改是2012年1月1日，第32版。

Rules of Golf	高尔夫规则
Section	**第一章** 礼仪规范
I Etiquette	**第二章** 定义
II Definitions	**第三章** 打球规则
III The Rules of Play (total 34 rules)	**(共34条)**
Appendix	**附属规则**
I A - local Rules	**I A 当地规则**
B - Specimen Local Rules	**B 当地规则参考**
C – Conditions of the Competition	**C 比赛条件**
II Design of Clubs	**II 球杆的设计**
III The Ball	**III 球**
Rules of Amateur Status	**业余身份的规则**

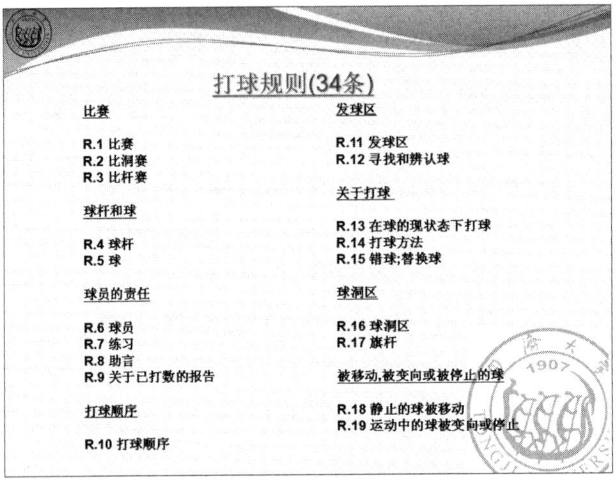
打球规则(34条)
比赛
R.1 比赛
R.2 比洞赛
R.3 比杆赛
球杆和球
R.4 球杆
R.5 球
球员的责任
R.6 球员
R.7 练习
R.8 助言
R.9 关于已打数的报告
打球顺序
R.10 打球顺序
发球区
R.11 发球区
R.12 寻找和辨认球
关于打球
R.13 在球的现状态下打球
R.14 打球方法
R.15 错球;替换球
球洞区
R.16 球洞区
R.17 旗杆
被移动,被变向或被停止的球
R.18 静止的球被移动
R.19 运动中的球被变向或停止

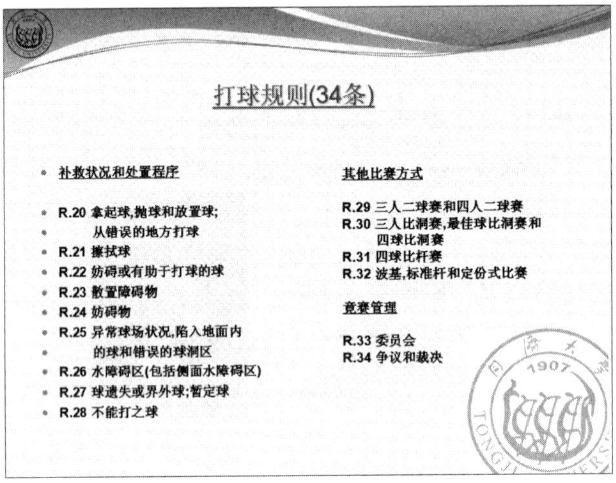
打球规则(34条)
补救状况和处置程序
R.20 拿起球,抛球和放置球;
从错误的地方打球
R.21 擦拭球
R.22 妨碍或有助于打球的球
R.23 散置障碍物
R.24 妨碍物
R.25 异常球场状况,陷入地面内
的球和错误的球洞区
R.26 水障碍区(包括侧面水障碍区)
R.27 球遗失或界外球;暂定球
R.28 不能打之球
其他比赛方式
R.29 三人二球赛和四人二球赛
R.30 三人比洞赛,最佳球比洞赛和
四球比洞赛
R.31 四球比杆赛
R.32 波基,标准杆和定份式比赛
竞赛管理
R.33 委员会
R.34 争议和裁决

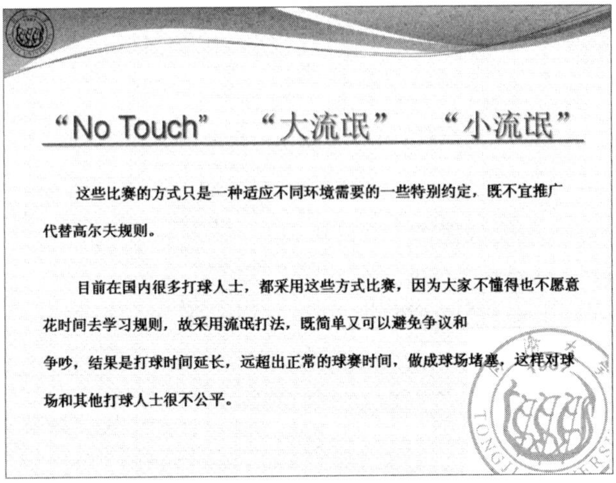
"No Touch"　"大流氓"　"小流氓"
这些比赛的方式只是一种适应不同环境需要的一些特别约定，既不宜推广
代替高尔夫规则。
目前在国内很多打球人士，都采用这些方式比赛，因为大家不懂得也不愿意
花时间去学习规则，故采用流氓打法，既简单又可以避免争议和
争吵，结果是打球时间延长，远超出正常的球赛时间，做成球场堵塞，这样对球
场和其他打球人士很不公平。

球场 (Golf Course)

球场
（Golf Course）

是指允许在其中打球的全部区域，即**18**个洞的全部。

球场 - 分为四部份

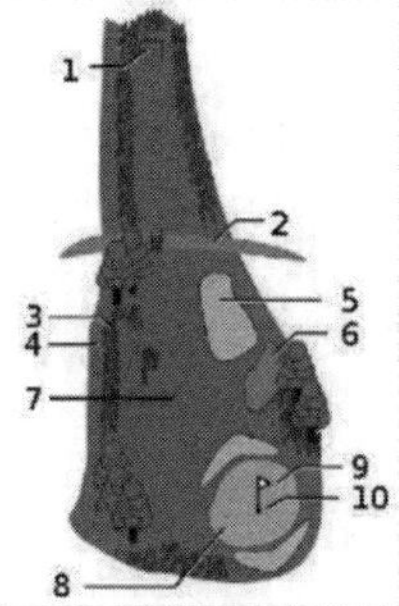

- 发球区　(Teeing Ground)
- 球洞区　(Putting Green)
- 障碍区　(Hazards)
- 球洞通道区　(Through the Green)

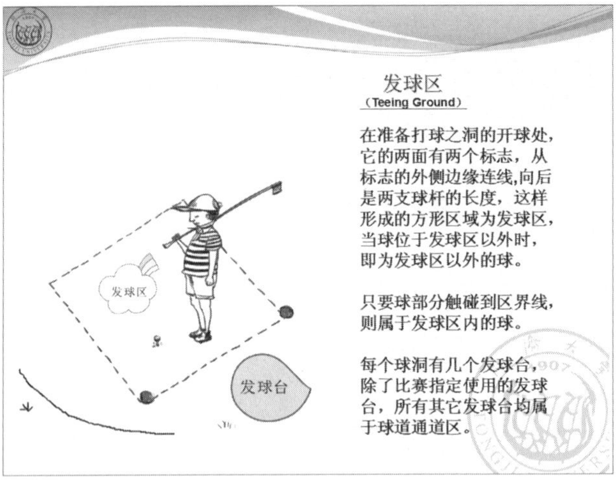

发球区
（Teeing Ground）
在准备打球之洞的开球处，它的两面有两个标志，从标志的外侧边缘连线,向后是两支球杆的长度，这样形成的方形区域为发球区，当球位于发球区以外时，即为发球区以外的球。
只要球部分触碰到区界线，则属于发球区内的球。
每个球洞有几个发球台，除了比赛指定使用的发球台，所有其它发球台均属于球道通道区。
发球区
发球台

发球区
发球台

旗杆
球洞
球洞边区
球洞区（果岭）
（Putting Green）
是指在打球的洞口附近，专为推杆而特别整备的或赛事委员会为此限定的全部区域。
当球的任何部分触及球洞区时即成为球洞区上的球。
有些球场每个洞有两个果岭，在比赛中指定使用的果岭属于球洞区，其它果岭均属于球道的一部分。

旗杆
球洞

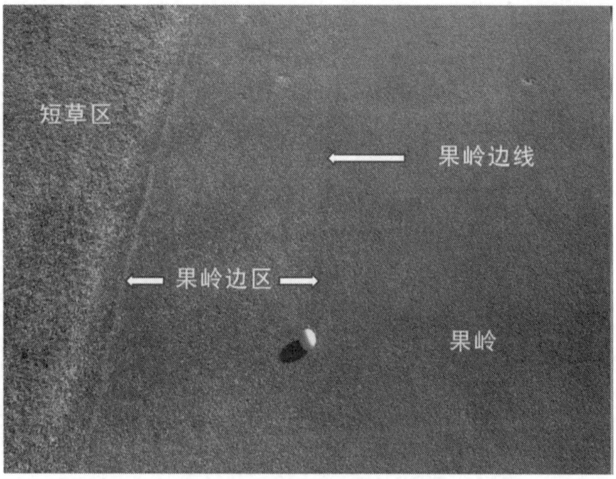
短草区
果岭边线
果岭边区
果岭

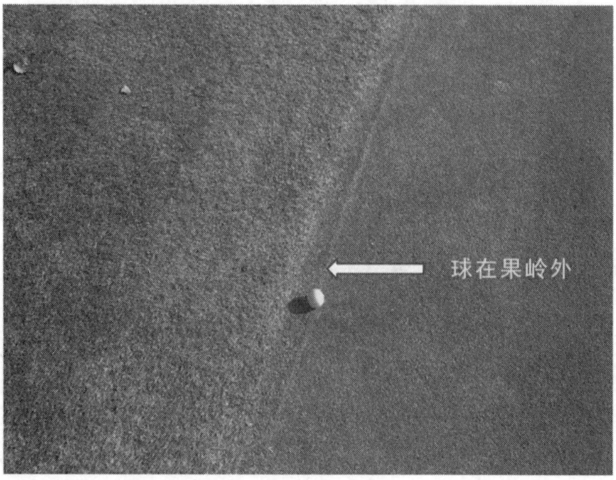
球在果岭外

又打到沙坑里了!
水障碍区!
障碍区
（Hazards）
是指任何沙坑或水障碍的区域。

正面水障碍区

侧面水障碍区

球洞通道区
（Through the Green）

是指球场内除下列区域以外的所有区域：

1.正在打球之洞的发球区
2.正在打球之洞的球洞区
3.球场内的所有障碍区

简称"球道"（Fairway）

规则里没有区分球道的短草和长草区域。

沙道 (Sand Fairway)

有些球场设有"沙道"或"沙通道"。根据球场的当地规则沙道是球洞通道区（球道）的一部分，不是沙坑。球在沙道上应按球洞通道区的规则处理。赛事委员会可以制定比赛规则指定沙道为沙坑。球场设置沙道，一方面是节省建筑和保养的成本，另一方面是增加球场的打球难度。球员到球场打球前应了解当地规则和当天因特殊情况而临时制定的规则。

沙道
沙坑

礼仪规范

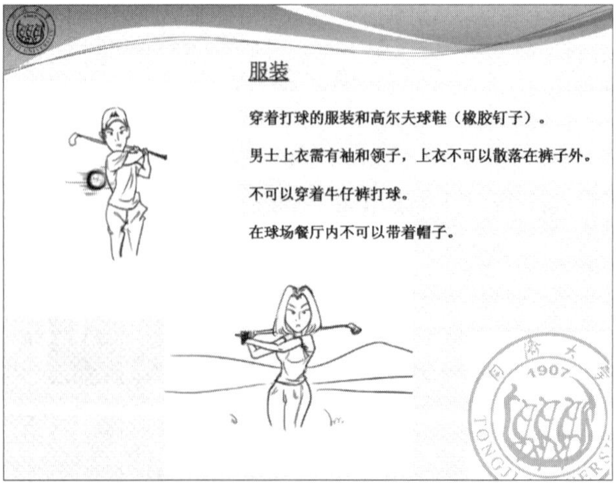
服装
穿着打球的服装和高尔夫球鞋（橡胶钉子）。
男士上衣需有袖和领子，上衣不可以散落在裤子外。
不可以穿着牛仔裤打球。
在球场餐厅内不可以带着帽子。

能专心打球吗?
BREAK

高尔夫礼仪着装规范
Golfing Dress Code

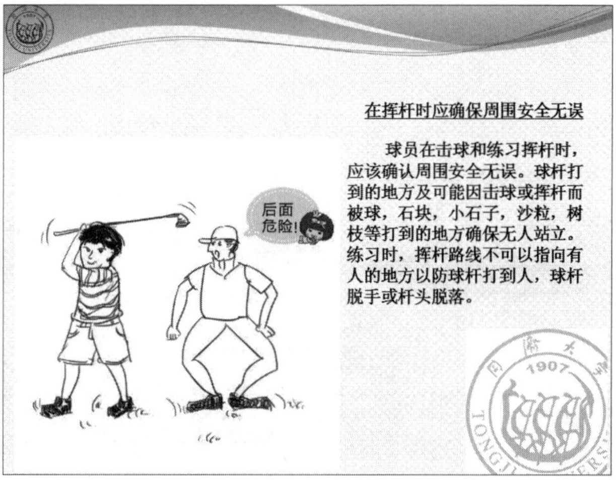
在挥杆时应确保周围安全无误
球员在击球和练习挥杆时，应该确认周围安全无误。球杆打到的地方及可能因击球或挥杆而被球，石块，小石子，沙粒，树枝等打到的地方确保无人站立。练习时，挥杆路线不可以指向有人的地方以防球杆打到人，球杆脱手或杆头脱落。
后面危险!

在发球区开球前，禁止边聊天边挥杆。

禁止练习挥杆，杆头对着人打。

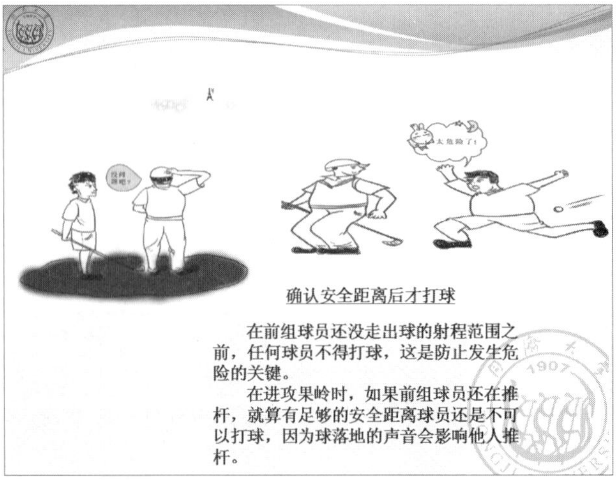

不要干扰或影响他人

球员在球场上要为其他球员着想，不要随意走动，讲话或制做不必要的操音，还应确保自己带到球场的电子用品不会对其他球员做成影响。

在国内，球员开始使用“测距仪”，由于使用仪器测距致使耽误打球的速度，做成延误，另外一个常见的情况是打球时不停的打电话，也会做成延误。

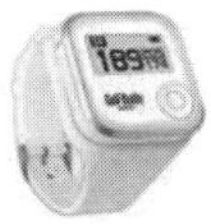

保持快速打球并及时跟进

为了大家的利益，比赛时应该抓紧时间尽快地打，一组球员慢了就会影响后面组的比赛速度。

如果一组球员落后前面整整一个洞，而延误了后续组，无论后面的组有几名球员，这组球员应该让后续组先行通过。

Undue Delay, Slow Play 不正当延误，缓慢打球

球员必须用合理的速度打球，在一洞结束后至下一洞发球区打球之前，球员不得有不正当的延误。

违规者：

比洞赛 - 该洞负，比杆赛- 罚2杆，屡次犯规 - 取消资格

注：短距离击球，为确认旗杆位置而走上果岭查看所花费的时间被视为不正当的延误。

赛事委员会可以制定打球速度指南，其中包括完成18洞，每洞 和一次击球所允许的最长时间，也可以在比杆赛中的处罚修改为：

第一次犯规：罚1杆
第二次犯规：罚2杆
第三次犯规：取消资格

慢打快走

完成推杆后应尽快离开果岭，不要停留在果岭上计算杆数，写计分卡或清付赌债。在正常的情况下，一组4位球员应该在4小时10分钟内（含10分钟找球时间）完成18洞。

每洞所需时间约（由球场或赛事委员会制定）：
3杆洞 - 8 分钟，4杆洞 - 14分钟，5杆洞 - 17分钟，共计240分钟/4个小时

每人每杆的时限从开始准备到完成（由球场或赛事委员会制定）：
第1位球员：50秒钟
第2-4位球员：每人40秒钟

寻找球的球员应让后一组球员先行通过

如果球员怀疑自己的球遗失或界外，为了节省时间应打一个暂定球。

当球不容易找到时，应在开始找球5分钟之内发出信号，让后一组球员先行通过，在后组球员走出射程范围之前，该组球员不应继续打球。

球场上的优先权

除非委员会另有规定，球场上的优先权由一组球员的打球速度决定。

打18洞的球员有超越不打完全部一轮的球员的优先权利。

在礼仪上，一组四位球员的组应该让人数较少的后组先行通过。

要把沙坑弄平整

在离开沙坑前，球员应该用沙耙把鞋印或不平的地方弄平整，而且应该从走进沙坑的原路退出沙坑。

在走进沙坑时尽量在靠近球的位置和离草坪近一点的地方进去，也不要从太陡的斜坡进去，容易发生意外，而且打完球后，沙也不好弄平整。

练习挥杆时不要伤到场地
在练习挥杆时，球员应注意避免削起草皮，对场地做成损坏。
在发球台上挥杆时尤为注意。
小心点!别把草挖起来!
别伤到我!

击球后将彼铲起的草皮补回原处
球员应该在打球后把铲起的草皮捡起来，补回原位并踏平。
不要因为生气或其他原因用杆头砸击地面，做成损伤。爱护球场是每位球员都应遵守的礼仪。
补回原处，踏一踏!
不好，我把草挖起来了!

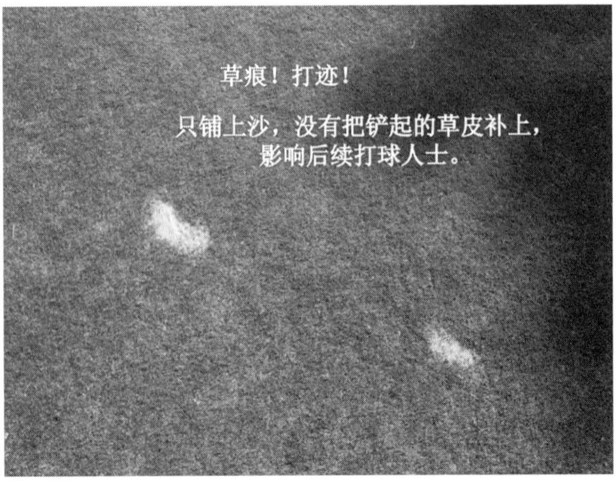
草痕！打迹！
只铺上沙，没有把铲起的草皮补上，
影响后续打球人士。

要将打迹，球痕和鞋痕对球洞区做成的损伤修复好

球员应该认真修复打球时对果岭做成的打迹，球痕和任何损伤。

钉鞋所做成的伤痕也应该在打完一洞后和离开果岭前将其修复整理好。

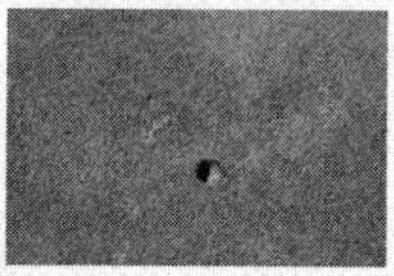

不要让球洞区受损坏

球员在放下球包，球杆和旗时，应注意不要伤到果岭。

将旗杆从球洞取出或将球从球洞取出时不要损坏球洞，更不要使用球杆的杆头从球洞中取球。

严重损坏球洞边缘，
不容易修补整理。

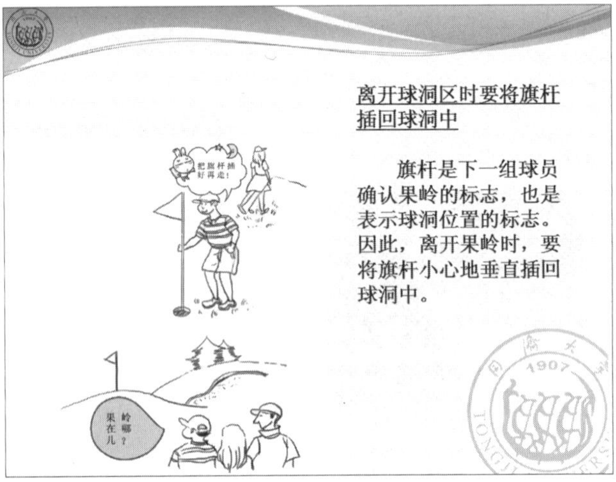
离开球洞区时要将旗杆插回球洞中
旗杆是下一组球员确认果岭的标志，也是表示球洞位置的标志。因此，离开果岭时，要将旗杆小心地垂直插回球洞中。
把旗杆插好再走!
果岭在哪儿?

尽快离开球洞区
一洞打完之后，球员应立刻离开果岭，在果岭慢慢地记分或练习，都会影响后面一组球员，这样不但没礼貌，而且还有被球打到的危险。
再想练一次!
快走!下组已经到了!

注意事项

不要迟到

几个人约好打球，请不要迟到。虽然大家是好朋友可以原谅你，但在正式比赛时，迟到是要彼取消参赛资格的，有些赛事规定迟到不彼淘汰，但也要接受处罚。

守时的重要性

球场一般安排每隔 7~8 分钟让一组球员开球并固定每天的发球间。球员在预约球场时同时预定开球的时间。

球员应该在预定开球的时间15分钟前到达球场的出发站报到，让工作人员安排球包，球童和球车，然后在开球时间5分钟前到达发球台做好准备和等待发球。

目前在国内有很多打球人士不了解情况，到预约的开球时间才到出发站报到，这样就会耽误安排，延误发球时间，一组球员的延误会影响到后续的球员发球。

在高尔夫球发达的国家，球员在过了开球时间才报到或到达发球台将被取消资格，要从新排队轮后，等待所有其他球员按预定的时间开完球后才能开球，除非中间有其他球员取消预约，迟到或没到。在国内，暂时只有少数球场执行这制度，观澜湖球场是其中一家。

了解比赛规则

球员在比赛前应先了解

1.几点开球
2.和谁一组
3.比赛认可的差点是多少
4.从几号洞开球
5.打几轮
6.了解特定的规则

球杆的限度为14支

球员比赛时，球干不能超过14支：
1.少于14支的，在比赛之前可以补足。
2.在比赛中如果球杆损坏不能再用时，在不延误比赛的情况下，可以更换，也可以向别人借，但是借过来的球杆要一直用到比赛结束，球杆的原有者则不能再使用这支球杆。

14支球杆的规定 – 发现超额的处理

比赛开始前发现超额，立刻发表不使用声明，不用受罚。

比赛开始后才发现，要接受惩罚。

比杆赛 - 在发现时, 已打完的洞, 每洞罚两杆, 最多共罚四杆。

比洞赛 - 在发现时, 已打完的洞, 各洞处以负一洞的处罚, 最多共罚负两洞。

在发现超过14支杆和发表不使用声明后， 球员不得再使用声明中的球杆。

违规: 取消比赛资格。

可练习的场所

在开球前为了放松心情可以热身一下，但要在指定的练习场内，如果没有特殊规定的话，可在以下地点练习：

1.练习果岭
2.比赛过的果岭
3.下一个洞的发球台上

注意：不能在沙坑和没有比赛过的果岭上练习。

其他要注意的事项

1. 不要站立在准备打球球员的打击线或飞行线上正前方范围内，这是最危险的范围，容易给球打中，也会影响球员打球的专著和决心。
2. 不要站立在打击线的正后方或球员正面的前方，这样会影响球员打球时的专著。
3. 打球球员的正面右前方也是危险的位置，特别是新手球员，因为大部分新手打球容易打出右曲球和shank球（球向右方急转）。
4. 站立时要注意光线做成的影子，不要影响到球员打球。
5. 最安全和影响最少的站立位置是打球球员的右后方。
6. 站立的位置要与打球球员的位置保持一定的安全距离。
7. 当球员准备打球时，不要发出任何声音或做出任何动作或移动。

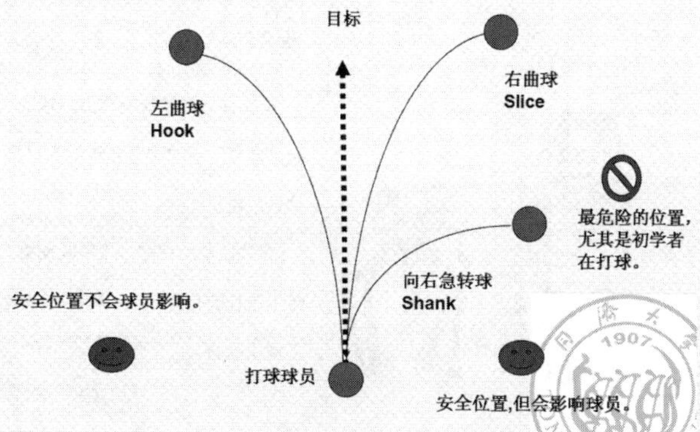

高尔夫规则
（二）
体育教学部

定义与常用规测

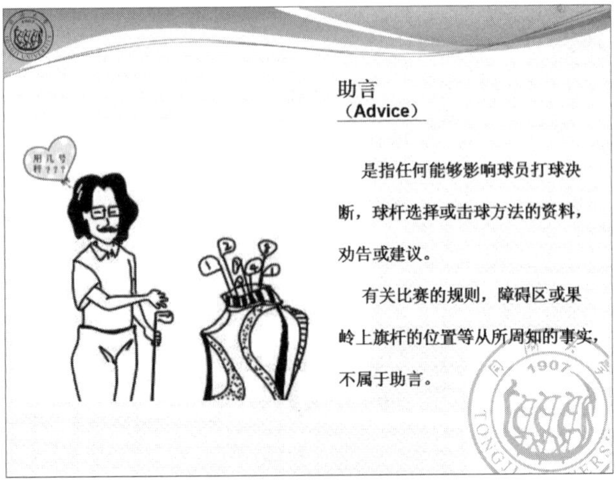
助言
（Advice）
是指任何能够影响球员打球决断，球杆选择或击球方法的资料，劝告或建议。
有关比赛的规则，障碍区或果岭上旗杆的位置等从所周知的事实，不属于助言。

击球
(Stroke)

球员由起杆，上杆，挥杆使球杆向后向前的运动，目的是正确打球并让球移动。

但是如果球员在球杆的杆头碰到球之前，自发地停止挥杆，那么他被视为没有击球。

“击球” 的定义

1.做好瞄球击球站姿 **(**杆头碰触地面）

2.挥动球杆往后往前

3.有意图使球向前移动

在完成击球而没打中球，仍然被视为击球．称挥空杆（**Air Shot**）,也算打了一杆。

如果球员很明显地有意图在杆头碰到球之前停止挥杆，但杆头的余力通过球的上面则不属于已击球（不视为挥空杆）。

使用中的球
（**Ball in Play**）

球员从发球区上击球之后，球即成为“使用中的球”。该球除了被遗失，界外，被捡起或被另一球替换之外，直至击球入洞为止都为使用中的球。

当球被另一球替换时，替换的球成为使用中的球。

在发球区上，被架在球座上的球和在击球之前则还没成为使用中的球。

旗杆
（Flagstick）

是指可移动的笔直的标志物，插在球洞中心用来表示球洞的置，上面有没有旗子都可以，其横切面是圆形。

禁止旗杆使用对球的运动产生不适当的影响的软垫或减振缓冲的材料。

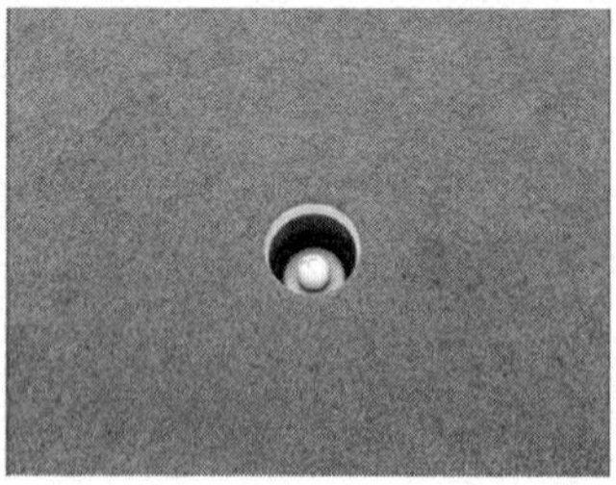

球进洞
（Holed）

当球静止在球洞内，整体都在球洞边缘水平面以下时即为“球进洞”。

错球
（Wrong Ball）

下列情况以外的任何球：

1.使用中的球

2.暂定球

3.在比杆赛中有异议而按规则打的第二个球

错误的球洞区
（Wrong Green）
正在打球之洞的球洞区以外的任何球洞区。
除委员会另有规定外，错误的球洞区包括球场上的练习球洞区和切击球球洞区。

特定规则，当地规则
（Local Rules）
是委员会或球场根据高尔夫球场的特殊情况而制定的规则。
• 需要保护的球场区域
• 环境保护区（花卉等）
• 保护幼树
• 临时妨碍物（广告牌等）
• 抛球区
• 选移球位
• 冬季规则
一定要先看当地规则！

需要保护的球场区域，
不允许打球。

需要保护的球场区域，
不允许打球。

环境保护区- 花丛
找到球时，可以免罚杆抛球。如果
找不到，应按遗失球的规则处理。

保护幼树

抛球区

DROPPING
ZONE

YOU ARE 150 YARDS
FROM CENTER OF GREEN
YOU ARE 175 YARDS
FROM A $ 200
GLASS WINDOW
CHOOSE YOUR CLUB
CAREFULLY !

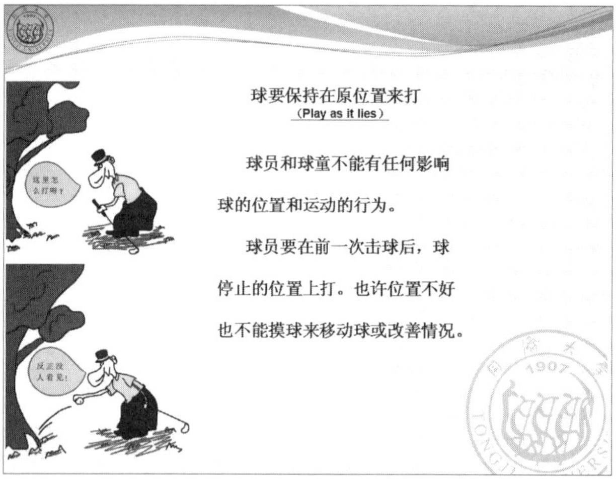
这里怎么打呀？
反正没人看见！
球要保持在原位置来打
（Play as it lies）
球员和球童不能有任何影响球的位置和运动的行为。
球员要在前一次击球后，球停止的位置上打。也许位置不好也不能摸球来移动球或改善情况。

在球的现状下打球
命苦啊！！怎么打？

ROLEX

比杆赛和比洞赛
（Stroke Play and Match Play）

不同方式的比赛。大部分比赛均采用比杆赛。

比杆赛是以最少的杆数打完规定一轮或几轮的比赛为胜。

比洞赛是以每洞决定胜负，以较少的杆数打完一洞的一方为胜，而在整场比赛中，以谁赢得洞数多者为胜。

击球入洞可以省略吗？

在比杆赛中，每洞都要确实地做完击球入洞，才算完成一洞，然后继续到下一个发球台。

在比洞赛中，由于是各个洞单独的比赛，如果对手确定已经赢或输了这个洞而同意的话，你就不必击球入洞了。当对手给你OK的时候，你不能拒绝接受。

一般处罚
（Penalty）

比杆赛和比洞赛，参赛的球员在犯规时所受的处罚不相同。除另有规定外，一般的处罚是：

比杆赛 - 罚2杆

比洞赛 - 罚输1个洞

第二个球
（Second Ball）

仅限于比杆赛。

球员为了保护自己的权利，对补救的方法或处罚程序有疑问时，他可以打第二个球而不受罚。这个球要一直打到击球入洞为止。

出现疑问的情况下，球员在开第二球之前要向他的记分员或同组比赛者宣布，并声明规则允许时他将采用那个球的分数。

在提交记分卡之前要向委员会报告这一事实，否则要被取消资格。

散置障碍物
（Loose Impediments）

是指自然物体，如石块，树叶，树枝，树杈及动物的粪便，昆虫及它们的遗弃物或堆积物等，它们不是固定的或生长着的，也没有附着在球上。

在果岭上，沙和松散的泥土可以视为散置障碍物。

雪和自然冰可以依球员的意见视为临时积水或散置障碍物。

露水和霜不是散置障碍物，不可以清除。

可以清除散置障碍物

清除散置障碍物时要很小心，球不能动，如果动了要受罚

首先查看树枝是否在生长中或还没脱离树干，
如果不是生长中就是散置障碍物，可以清除

以下的自然物体不是散置障碍物

1.还没完全脱离树干的树枝。

2.根部还在地下生长中的树或草。

3.牢固嵌入地面或固定的石块或岩石（应视为球场建筑或球场不可分割的部分）。

4.附着在使用中的球上面的泥土或草屑不被视为障碍物，不可以清除。

5.附在球上的虫被视为障碍物，可以清除。

在球道上可以清除散置障碍物，但如果球移动则要罚一杆。

在障碍区内不能清除或触碰散置障碍物（为了安全原因，在沙坑里可以移取小石块）。

在球洞区清除散置障碍物时，球被移动不用受处罚。

附着球上面的草屑和泥土不可以清除

根部还在地下生长中的
树和草，不是散置障碍物。

嵌在地下的石块，
不是散置障碍物。

妨碍物
（Obstructions）

指所有的人造物体，包括道路及人造冰，但下列物体除外：

1.标示界外的物体，如墙壁，栅栏，立桩和栏杆。

2.在界外的不可移动人造物体。

3.委员会指定的球场不可分割部分的建筑物。

当一个妨碍物不需使用超常的力量，不做成不正当延误打球，不引起伤害就能移动时，那么该妨碍物为“可移动妨碍物”，否则，它是不可移动妨碍物。

注：委员会可以制定当地规则宣布可移动妨碍物为不可移动妨碍物。

妨碍物分为“不可移动”和“可移动防碍物”

“不可移动防碍物”的例子：车道，道路(人工部分的表面和侧面)，防滑垫，水沟 / 阴井盖，防护网，洗球器，树支架 (三角架)。

球场的小卖店与球场不可分割的建筑物均不是妨碍物，例子：标示OB的立桩,、栏杆、马路、墙壁、人工草皮、发球区的石基等。

当防碍物不需要使用超常的力量或外力，不延误打球或不做成伤害就可以移动时，这物体就是“可移动防碍物”。

道路边是妨碍物

站在“妨碍物”上打球，
可以免罚杆抛球。

树支架
妨碍物，当影响挥杆
时，可以免罚杆抛球。

保护大树的铁
丝网，是妨碍物。
这个球命好阿！
可以免罚杆抛球。

配电箱，是妨碍物。

电源盖，是妨碍物。

阴井盖，是妨碍物。

防滑垫，
是妨碍物。

不可移动妨碍物
(很重）。
可移动妨碍物
（很轻）。

盖果岭的帆布是妨碍物

工程后的物体，还没移走
是妨碍物。

防滑路
是妨碍物。

电风扇是妨碍物。

发球台楼梯，
是妨碍物。

万里长城是球场建筑的一部分，不是妨碍物。

富士山是球场建筑一部分，
不是妨碍物。

小卖店，中途屋，
是球场建筑一部分
不是妨碍物。

是球场建筑一部分
不是妨碍物。

补救的最近点
（Nearest Point of Relief）

是指由不可移动妨碍物，异常球场状况或错误果岭做成的妨碍，不受处罚地进行补救时的参考点。

该参考点是位于球场上的最接近球的停点，比球原来的停点不更靠近球洞，而且球被放在该点后不再存在上述的妨碍。

注：球员应选择其击球准备的位置，用他准备击球使用的杆，模拟挥杆动作来确定自己的补救最近点。

球停在道路上怎么办？

有两个选择，选择对自己最有利的方法：
1.原地打。
2.采用“不可移动妨碍物”的规则来处理，不用受罚地补救。
补救的动作：
1.不要动球，标记球位。
2.通知裁判或同组比赛者你的决定。
3.找出并确定最靠近的补救点。
4.标记一支球杆的范围。
5.捡起停在防碍物上的球和标志。
6.在标示的一 支杆的范围内抛球，
不得更靠近球洞。

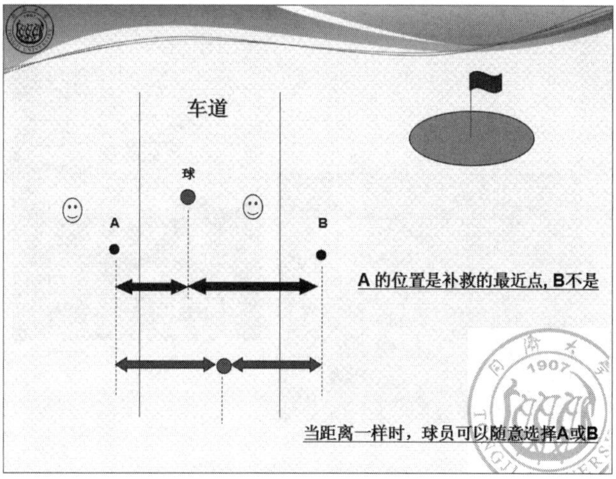
车道
球
A
B
A 的位置是补救的最近点, B不是
当距离一样时，球员可以随意选择A或B
1907
TONGJI UNIVERSITY

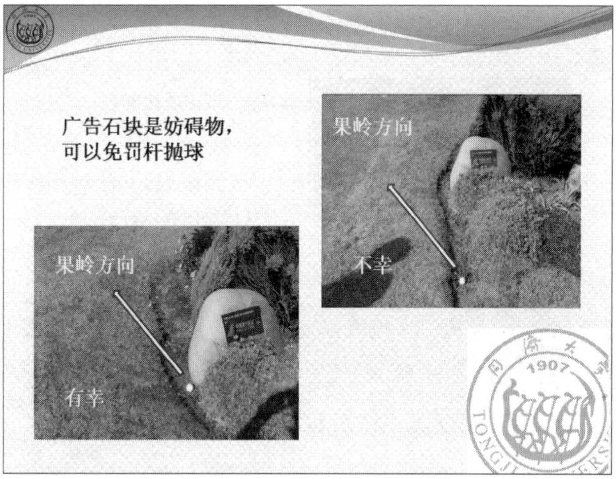
广告石块是妨碍物，
可以免罚杆抛球
果岭方向
不幸
果岭方向
有幸
1907
TONGJI UNIVERSITY

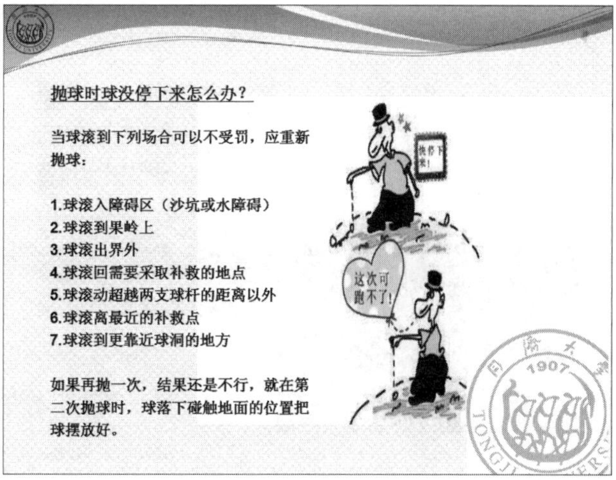
抛球时球没停下来怎么办？
当球滚到下列场合可以不受罚，应重新抛球：
1.球滚入障碍区（沙坑或水障碍）
2.球滚到果岭上
3.球滚出界外
4.球滚回需要采取补救的地点
5.球滚动超越两支球杆的距离以外
6.球滚离最近的补救点
7.球滚到更靠近球洞的地方
如果再抛一次，结果还是不行，就在第二次抛球时，球落下碰触地面的位置把球摆放好。
这次可跑不了!
1907

异常球场状况
（Abnormal Ground Condition）

是指球场上的任何临时积水，整修地或由掘穴动物，爬行动物等做成的洞穴，遗弃物或地下通道。

临时积水

临时积水
(Causal Water)

是指球员在采取站位前后在球场出现的临时性积水或当球位于临时积水中或任何部分触及临时积水，该球为临时积水中的球。

1.雪和自然冰根据球员的选择，可以是临时积水或散置障碍物。
2.水障碍区内的水不是临时积水。
3.露水和霜不是临时积水。
4.人造冰是妨碍物。

处理：当球在临时积水中，可以免罚杆抛球。

球停在临时积水中怎么办？

球员有两个选择：
1.在球停止的位置打。
2.免罚杆抛球。

免罚杆抛球的动作：
1.通知裁判或同组比赛球员。
2.捡起球（如果可以，标记位）。
3.擦球。
4.在水边寻找没有积水的地方,不更靠近球洞的支球杆的范围之内抛球。

球落在沙坑的积水中怎么办？

1.你可以就这样打。
2.如果影响到打球的话，可以不受处罚，在沙坑内尽量接 近球停止的位置和不更靠近球洞的地方抛球。如果水的面积很大，无法在沙坑中抛球，则罚一杆之后，在沙坑外球原来的位置与球洞连线的后方抛球或回去上一次打球的位置再打。

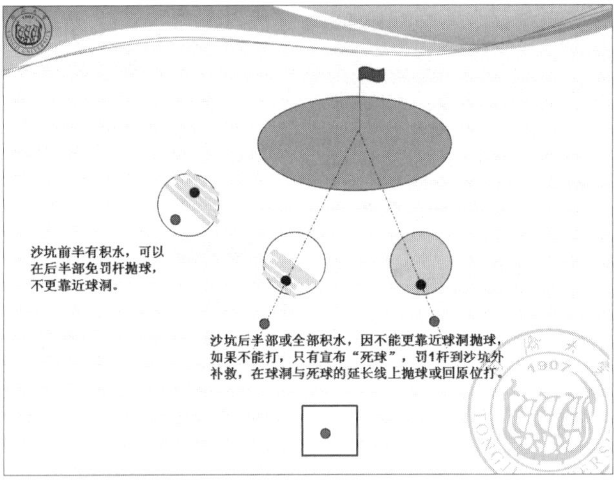

在果岭上有积水怎么办？

情况：球和球洞之间有积水，没有办法击球，怎么办？

处理：在推击线上有临时积水能够得到补救而不用受罚。可以把球拿起来，放在不更靠近球洞的临时积水的旁边再打。

整修地
（Ground Under Repair）

在球场中插着“整修地”牌子的地区，没有牌子但工程在进行中的地区也是整修地。

整修地内的所有地面，草，灌木，树或其他生长物均为整修地的一部分。

整修地的界线垂直向下延伸，但不向上延伸。标示整修地的立桩或牌子为障碍物，属于整修地范围。

当球位于整修地中或任何部分触及整修地时，该球为位于整修地中的球。

注：被弃置在球场内而不准备移走的剪下的草和其他物体不是整修地，除非他们被表示为整修地。

注：委员会可以制定当地规则禁止在整修地内打球。

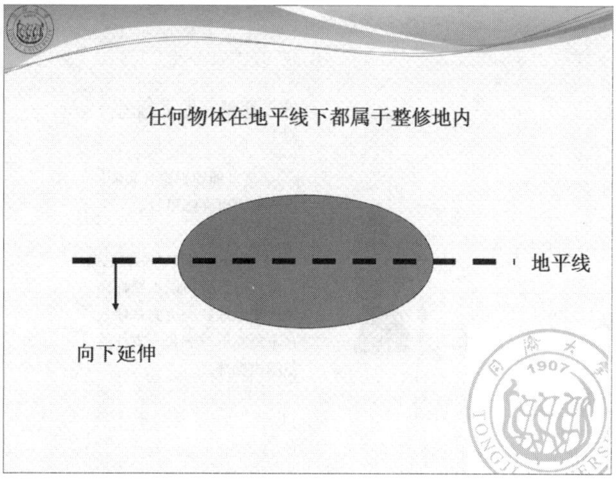
任何物体在地平线下都属于整修地内
地平线
向下延伸

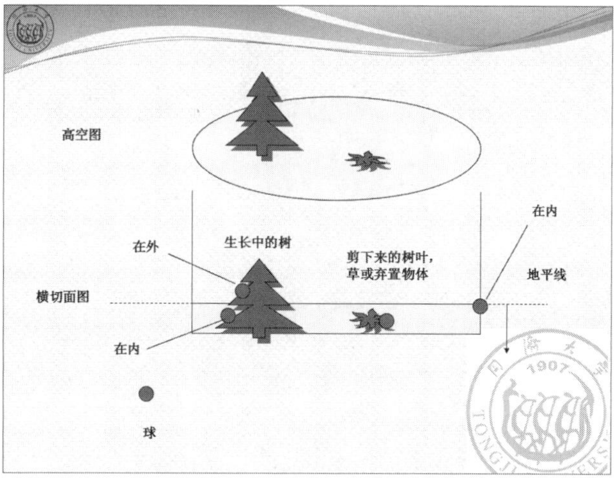
高空图
在内
生长中的树
在外
剪下来的树叶，
草或弃置物体
地平线
横切面图
在内
球

不是整修地，是散置障碍物，
除非场球表示为整修地。
整修地

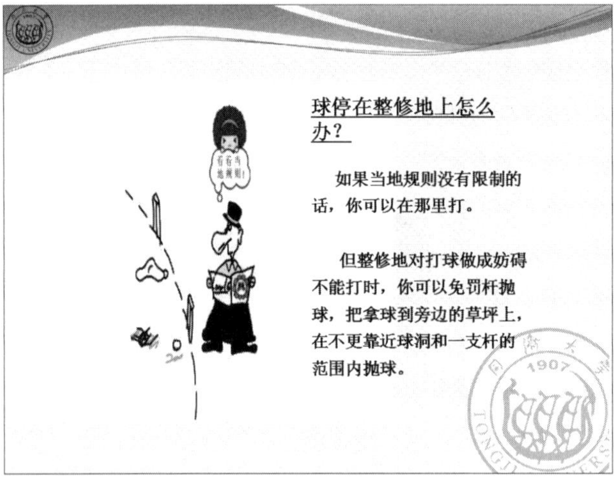
球停在整修地上怎么办？
看看当地规则!
如果当地规则没有限制的话，你可以在那里打。
但整修地对打球做成妨碍不能打时，你可以免罚杆抛球，把拿球到旁边的草坪上，在不更靠近球洞和一支杆的范围内抛球。

第 17 课

高尔夫嘉年华

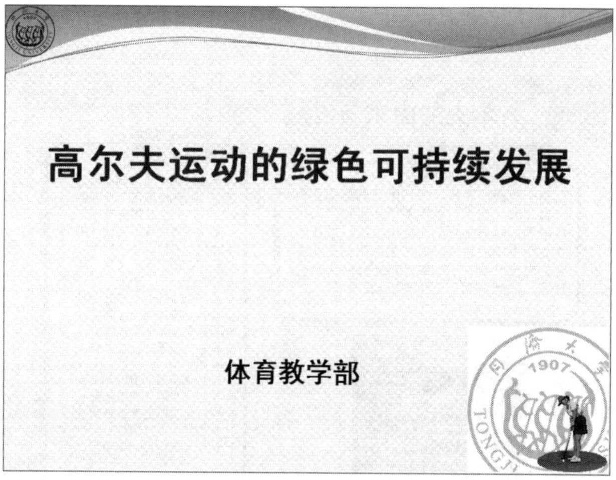

高尔夫运动的绿色可持续发展
体育教学部
1907
TONGJI

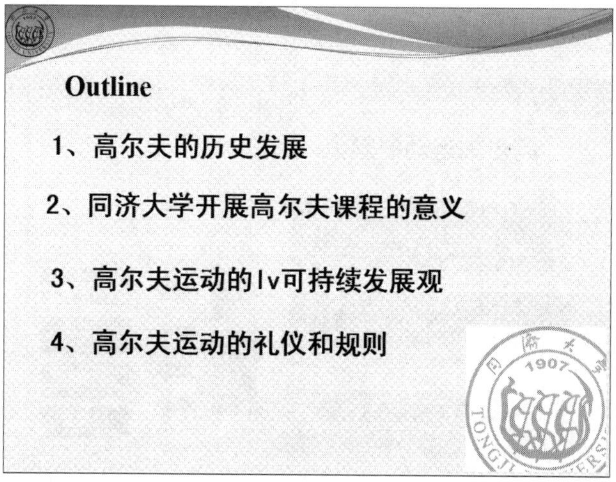

Outline
1、高尔夫的历史发展
2、同济大学开展高尔夫课程的意义
3、高尔夫运动的lv可持续发展观
4、高尔夫运动的礼仪和规则
1907
TONGJI

行走于蓝天之下，绿
草之上，悠然自得

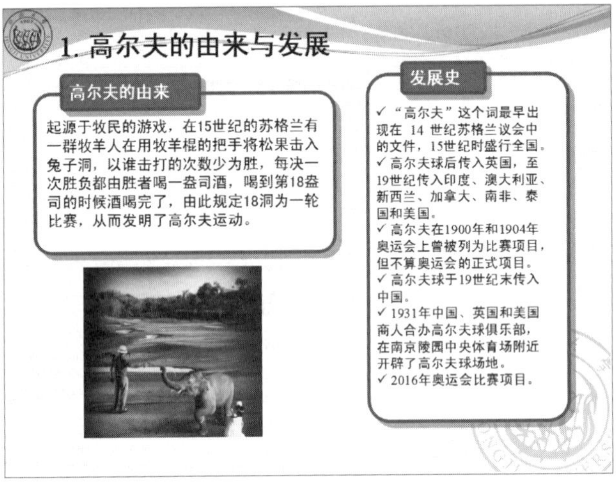
1. 高尔夫的由来与发展
高尔夫的由来
起源于牧民的游戏，在15世纪的苏格兰有一群牧羊人在用牧羊棍的把手将松果击入兔子洞，以谁击打的次数少为胜，每决一次胜负都由胜者喝一盎司酒，喝到第18盎司的时候酒喝完了，由此规定18洞为一轮比赛，从而发明了高尔夫运动。
发展史
✓ “高尔夫”这个词最早出现在 14 世纪苏格兰议会中的文件，15世纪时盛行全国。
✓ 高尔夫球后传入英国，至19世纪传入印度、澳大利亚、新西兰、加拿大、南非、泰国和美国。
✓ 高尔夫在1900年和1904年奥运会上曾被列为比赛项目，但不算奥运会的正式项目。
✓ 高尔夫球于19世纪末传入中国。
✓ 1931年中国、英国和美国商人合办高尔夫球俱乐部，在南京陵园中央体育场附近开辟了高尔夫球场地。
✓ 2016年奥运会比赛项目。

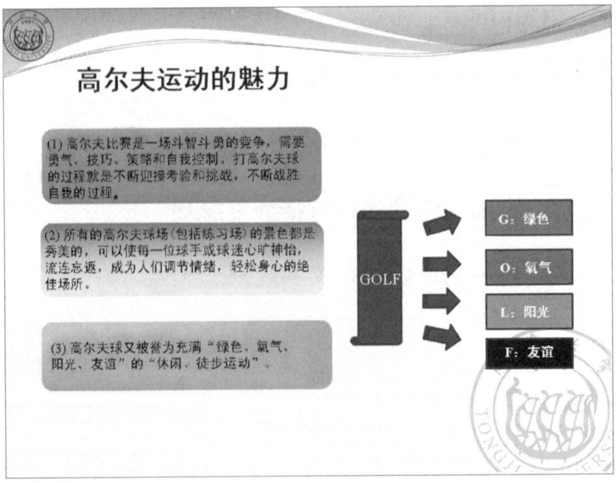
高尔夫运动的魅力
(1) 高尔夫比赛是一场斗智斗勇的竞争，需要勇气、技巧、策略和自我控制，打高尔夫球的过程就是不断迎接考验和挑战，不断战胜自我的过程。
(2) 所有的高尔夫球场(包括练习场)的景色都是秀美的，可以使每一位球手或球迷心旷神怡，流连忘返，成为人们调节情绪，轻松身心的绝佳场所。
(3) 高尔夫球又被誉为充满“绿色、氧气、阳光、友谊”的“休闲、徒步运动”。
GOLF
G：绿色
O：氧气
L：阳光
F：友谊

□ 高尔夫精神文化与人的体验、情感、人格、社会地位和社会关系联系在一起，满足人的自由、尊严、品位的需要。高尔夫精神潜移默化地影响球员，强化自我约束，诚信待人，提升修养，是高尔夫文化的灵魂。

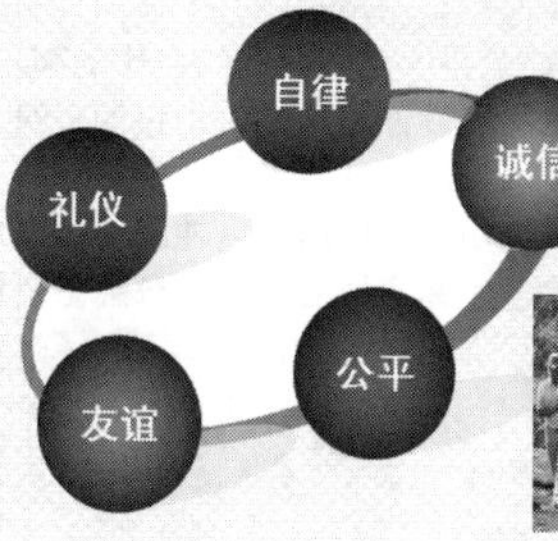

2. 同济大学开展高尔夫体育教育的意义

1、为全面贯彻教育部颁布的《全国普通学校体育课程教学指导纲要》精神，同济大学作为“综合性、研究型、国际化”的985学校，满足学生对多样化体育运动的需求是我们的责任。

2、高尔夫运动将在2016年成为奥运会项目，今后也将会成为大学生运动会项目。同济大学应看到高尔夫体育教育的历史发展机遇，及时把握时机，积极、有效地推进高尔夫教育的发展。

3、高尔夫运动是一项健康、绿色、阳光、受到世界大众喜爱的体育运动。高尔夫运动的体育精神：自律、诚信、公平、踏实、团结合作。高尔夫运动也是国外优秀大学非常重视的体育项目。根据近几年学生选课情况，同济大学学生喜爱高尔夫运动人数日益增多。

4、同济精神与高尔夫精神相融合：同济大学卓越人才培养需要具备高尔夫运动精神所倡导的意志和品质。

5、进一步做好同济特色的高尔夫体育教育工作，既面向全体学生做好公共高尔夫体育教育课程，又培养高水平的学生高尔夫体育人才，将为中国高校高尔夫体育教育的发展做出积极的探索，促进高尔夫在高校中的健康发展，同时，也有利于促进国际合作和交流。

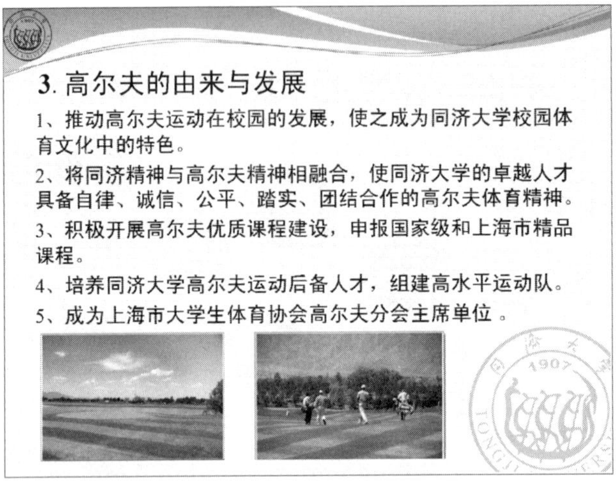
3. 高尔夫的由来与发展
1、推动高尔夫运动在校园的发展，使之成为同济大学校园体育文化中的特色。
2、将同济精神与高尔夫精神相融合，使同济大学的卓越人才具备自律、诚信、公平、踏实、团结合作的高尔夫体育精神。
3、积极开展高尔夫优质课程建设，申报国家级和上海市精品课程。
4、培养同济大学高尔夫运动后备人才，组建高水平运动队。
5、成为上海市大学生体育协会高尔夫分会主席单位 。
1907
TONGJI

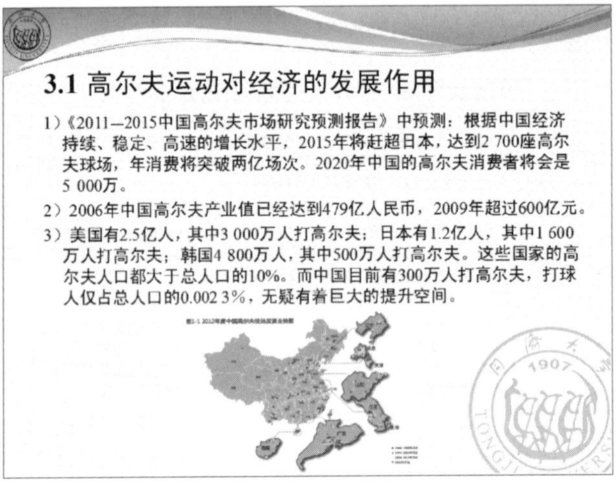
3.1 高尔夫运动对经济的发展作用
1）《2011—2015中国高尔夫市场研究预测报告》中预测：根据中国经济持续、稳定、高速的增长水平，2015年将赶超日本，达到2 700座高尔夫球场，年消费将突破两亿场次。2020年中国的高尔夫消费者将会是5 000万。
2）2006年中国高尔夫产业值已经达到479亿人民币，2009年超过600亿元。
3）美国有2.5亿人，其中3 000万人打高尔夫；日本有1.2亿人，其中1 600万人打高尔夫；韩国4 800万人，其中500万人打高尔夫。这些国家的高尔夫人口都大于总人口的10%。而中国目前有300万人打高尔夫，打球人仅占总人口的0.002 3%，无疑有着巨大的提升空间。
1907
TONGJI

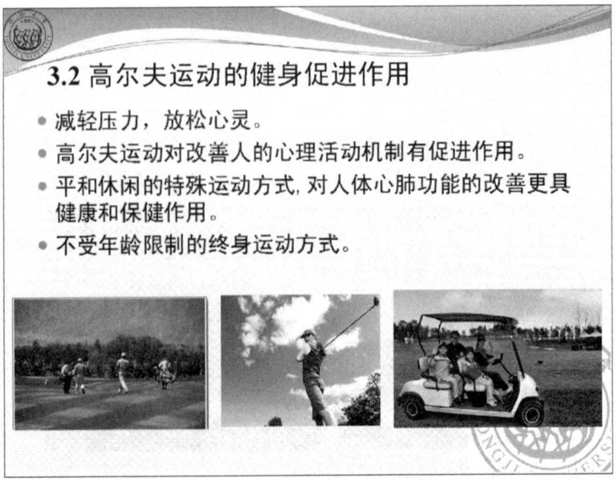
3.2 高尔夫运动的健身促进作用
减轻压力，放松心灵。
高尔夫运动对改善人的心理活动机制有促进作用。
平和休闲的特殊运动方式，对人体心肺功能的改善更具健康和保健作用。
不受年龄限制的终身运动方式。

3.3 高尔夫运动对生态环境的作用

- 一个18洞球场面积平均占地面积为1 000亩左右，占地面积大的高尔夫球俱乐部如同一座公园。
- 据测定每平方米草坪每日可吸收600kg二氧化碳释放900kg氧气。
- 吸收空气中有毒有害气体和尘埃，降低噪音、美化环境和调节小气候(温、湿度)的作用。
- 太阳能清洁能源的收集和开发。

4.1 高尔夫运动的礼仪和规则

- 忠于高尔夫运动的精神----遵守比赛规则----是所有球手都要做到的。当然打高尔夫是有规则可循的。美国高尔夫协会和皇家古老高尔夫球俱乐部颁布的最新版《高尔夫球规则》是一本大部头的书。作为初学者，你的主要任务是学会如何打球并享受这项运动的乐趣，因此，掌握高尔夫比赛规则也是很重要的。

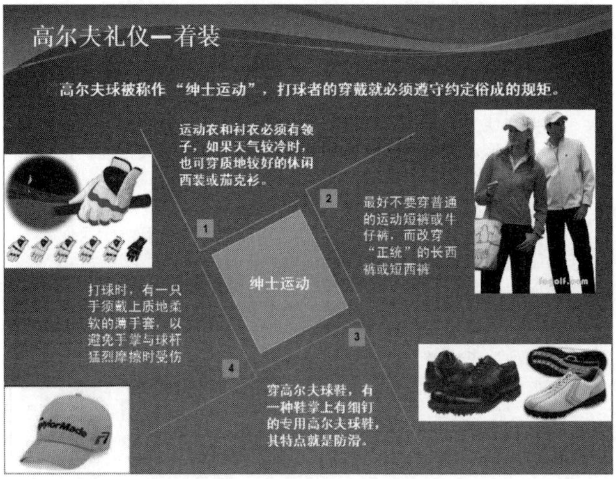

礼仪规范

诚信：“诚”（诚实、诚恳、诚意）
“信”（信任、信誉）

自律：就是尊重规则，保证在任何情况，任何条件下对规则的遵守，自律保证高尔夫球比赛的公正

球场规则

1.得体着装：穿有领有袖的上衣，穿正式的裤子。女性不要穿膝盖以上4英寸的短裙。穿专业高尔夫球鞋。

2.注重安全：打球者在击球和练习挥杆时，应确认周围安全无误。在前组球员还没有走出球的射程范围之前，任何球员不得打球。

3.谦和礼让：上发球台相互礼让，第一发球台水平低的球员先开球，在此后的发球台上成绩好的球员先开球。在球道上让落后球员先打。在果邻上让离洞较远的人先推。打的慢的一组让打的快的一组超越先打。

4.尊重他人，为人着想：尊重球场上的其他选手，就像你希望被别人尊重一样。在其他球员击球时不要走动、讲话或制造不必要的噪声。确保自己带到球场的电子物品不会对其他球员造成影响。果岭上不能踩踏同组伙伴的推扦路线。留心身体在阳光下可能产生的阴影，因为阴影可能妨碍其他选手比赛。同组伙伴想要推杆时，不要与他们距离太近。

5. 爱惜场地，保护环境：避免损害果岭和球洞. 主动修复果岭上的球痕。练习挥杆时，避免削起草皮。击球后，马上拾回打起的草皮断片。并将其踏入原位，修理钉鞋等造成的任何破损、球痕等。沙坑比赛之后，保证用耙子将沙坑恢复到良好状态。不要在开球区、 果岭上推童车或手推车。

6. 视球童如朋友：球童是球手的伙伴。一定程度上球童是球手的参谋和老师。球手与球童默契配合，能使人心情舒畅。不要因自已的失误而对球童发脾气或呵斥。

7. 珍惜时间，加强时间观念：准备及时到达预定的开球区。始终准备打球，避免耽误比赛。使你的步行速度与小组伙伴的步行速度一致。

8. 实事求是，讲求诚信：自己记录成绩，自觉接受罚杆。自始至终不能擅自移动球。

高尔夫文化发展

1.热爱高尔夫的理由
2.高球、智慧、人生

1.看似最简单其实不简单！
2.把目标放在心中！

1.高尔夫：是力学，更是心理学！
2.名人企业家与高尔夫的5个关键词

热爱高尔夫的理由

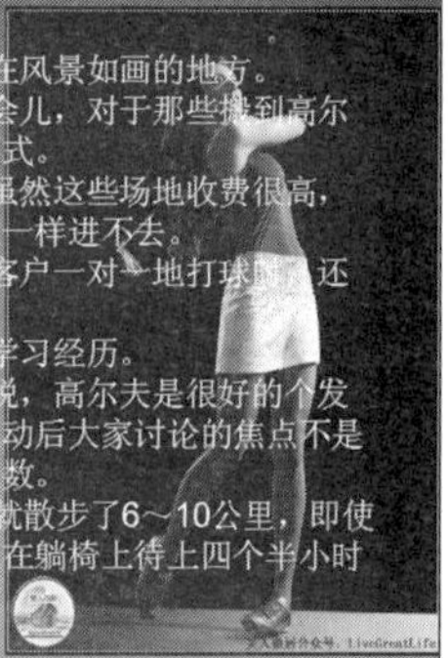

1. 你能在户外享受新鲜的空气，而且很可能是在风景如画的地方。
2. 高尔夫既可以是全天候的消遣，也可以只打会儿，对于那些搬到高尔夫社区内居住的人来说它甚至完全是一种生活方式。
3. 你可以在最伟大的球手打过球的地方打球。虽然这些场地收费很高，但至少是允许你入内的，不像是其他运动的场地一样进不去。
4. 很多生意是在高尔夫球场上谈的，不论是陪客户一对一地打球时，还是在团体比赛时。
5. 高尔夫可以成为你和朋友或家人一起分享的学习经历。
6. 对于因打网球或篮球而精疲力竭的运动员来说，高尔夫是很好的个发泄渠道。高尔夫运动本质上不给人压力，因为运动后大家讨论的焦点不是运动中受到多少伤痛而是击球成功与不成功的次数。
7. 如果你边打球边步行，走过18个球洞的同时就散步了6～10公里，即使你每次击球都未偏离球道。这不是马拉松，但和在躺椅上待上四个半小时相比，前者肯定对你更为有益。

高尔夫球与其他运动有许多不同之处，最大的特点是没有直接的对手。

每个人其实都是在与自己比赛，所有的努力并不是为了战胜别人，而是为了战胜自己。在众多的体育运动中，它被称为“绿色鸦片”。

看似最简单其实不简单！

一个表面简单和沉闷的游戏隐含了极其深奥的哲理。在球场上我们看不到激烈的对抗场面和球手精彩的敏锐反应，但体会过这个运动的人都会感受到它确实处处展现着丰富的智慧。一场球18个洞，走完这个过程就好比人生的缩影。它与人们追求财富的过程非常相似，要打出好成绩，除了有基本的素质和击球技巧之外，关键在于是否有良好的心态和平和的情绪。高尔夫运动无疑是一个修炼自己的好方法。

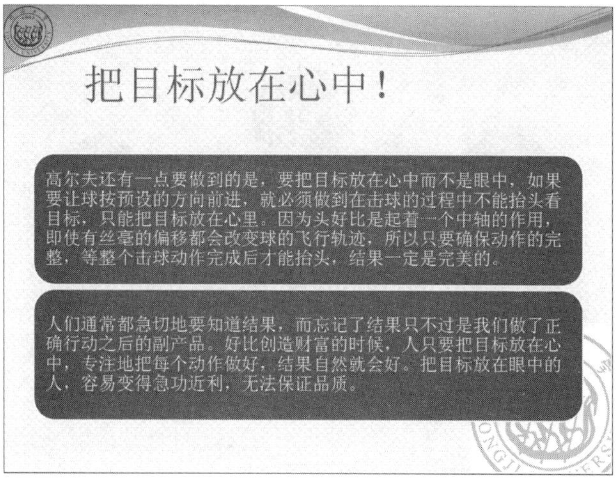
把目标放在心中！
高尔夫还有一点要做到的是，要把目标放在心中而不是眼中，如果要让球按预设的方向前进，就必须做到在击球的过程中不能抬头看目标，只能把目标放在心里。因为头好比是起着一个中轴的作用，即使有丝毫的偏移都会改变球的飞行轨迹，所以只要确保动作的完整，等整个击球动作完成后才能抬头，结果一定是完美的。
人们通常都急切地要知道结果，而忘记了结果只不过是我们做了正确行动之后的副产品。好比创造财富的时候，人只要把目标放在心中，专注地把每个动作做好，结果自然就会好。把目标放在眼中的人，容易变得急功近利，无法保证品质。

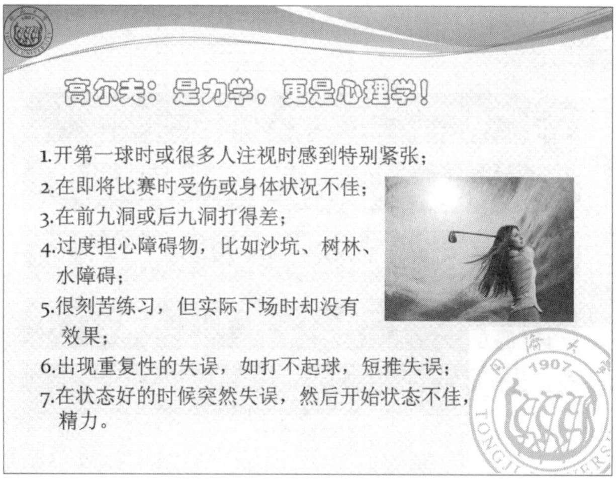
高尔夫：是力学，更是心理学！
1.开第一球时或很多人注视时感到特别紧张；
2.在即将比赛时受伤或身体状况不佳；
3.在前九洞或后九洞打得差；
4.过度担心障碍物，比如沙坑、树林、水障碍；
5.很刻苦练习，但实际下场时却没有效果；
6.出现重复性的失误，如打不起球，短推失误；
7.在状态好的时候突然失误，然后开始状态不佳，精力。

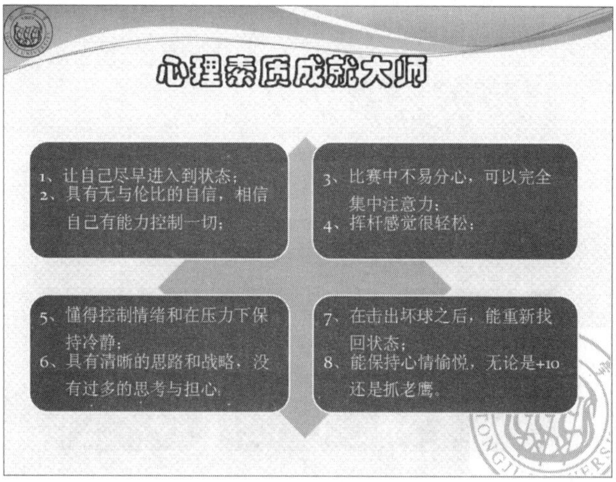
心理素质成就大师
1、让自己尽早进入到状态；
2、具有无与伦比的自信，相信自己有能力控制一切；
3、比赛中不易分心，可以完全集中注意力；
4、挥杆感觉很轻松；
5、懂得控制情绪和在压力下保持冷静；
6、具有清晰的思路和战略，没有过多的思考与担心。
7、在击出坏球之后，能重新找回状态；
8、能保持心情愉悦，无论是+10还是抓老鹰。

方向
控制
发展
做人
成功
企业家与高尔夫

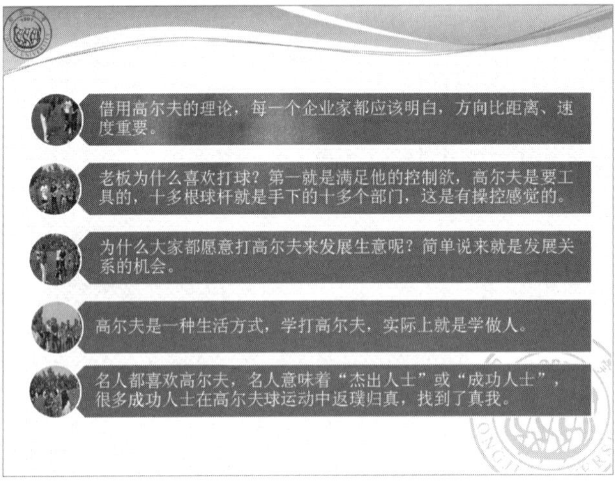
借用高尔夫的理论，每一个企业家都应该明白，方向比距离、速度重要。
老板为什么喜欢打球？第一就是满足他的控制欲，高尔夫是要工具的，十多根球杆就是手下的十多个部门，这是有操控感觉的。
为什么大家都愿意打高尔夫来发展生意呢？简单说来就是发展关系的机会。
高尔夫是一种生活方式，学打高尔夫，实际上就是学做人。
名人都喜欢高尔夫，名人意味着“杰出人士”或“成功人士”，很多成功人士在高尔夫球运动中返璞归真，找到了真我。

高尔夫嘉年华
比赛
交流
拓展

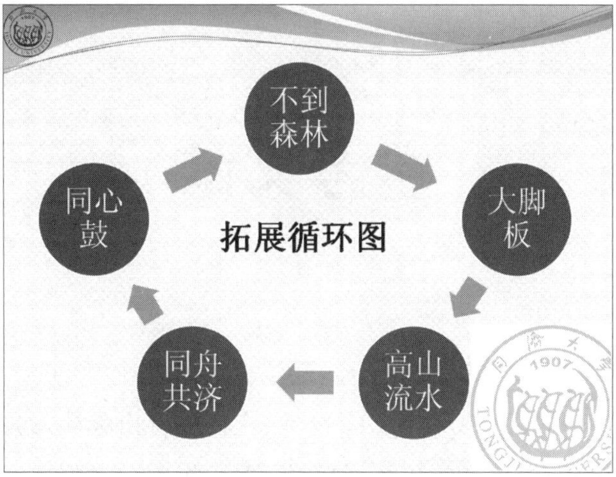
不到
森林
大脚
板
高山
流水
同舟
共济
同心
鼓
拓展循环图

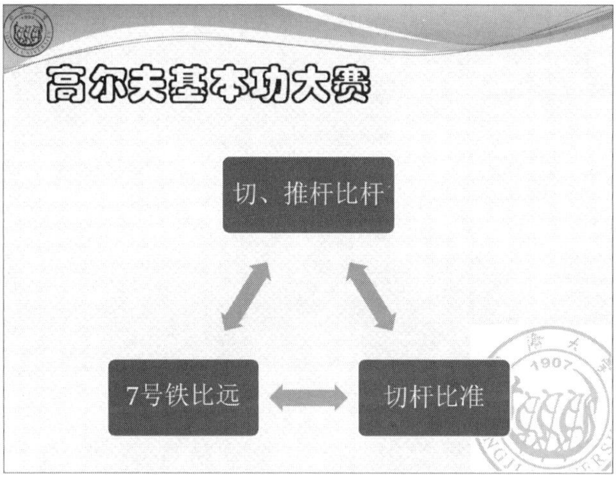
高尔夫基本功大赛
切、推杆比杆
7号铁比远
切杆比准

参考文献

1. 陈晓等.高尔夫球运动教程[M].上海:同济大学出版社,2006.
2. 耿玉东.高尔夫经典技法100篇[M].北京:人民体育出版社,2009.
3. 谢丽尔·安德森.完美挥杆的秘密[M].北京:人民邮电出版社,2013.
4. 马尔柯姆·坎贝尔.高尔夫学习百科[M].广州:汕头大学出版社,2007.
5. 美国高尔夫专业教练联盟.专业教练手册[M].USGTF培训教材,2014.